高齢化社会における経済生活

横浜商科大学公開講座

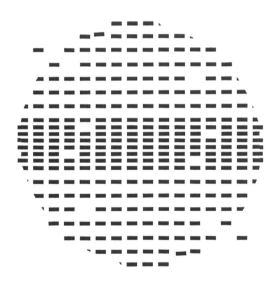

南窓社

はしがき

公開講座運営委員長
佐藤義文

本書は、「高齢化社会における経済生活」と題して、平成三〇年六月九日から七月一四日にかけて開催された「平成三〇年度・横浜商科大学公開講座（後援・横浜市教育委員会）」（全六回）における内容をもとに、各回の担当講師が執筆した論文をまとめたものである。

公開講座は、今回で通算三五回目であり、昭和六〇年（一九八五年）から継続して開催されてきたもので、毎回、統一テーマの下に専門領域の研究者等が講演を担当してきたものである。また、前々回より、本学商学部を構成する三学科（商学科、観光マネジメント学科、経営情報学科）が順次企画を担当することになったものである。今年度については、商学科が担当することになり、統一テーマを「高齢化社会における経済生活」とし、商学科の各専門領域の専任教員が担当することになったものである。

さて、今回の公開講座は、「高齢化社会における経済生活」を統一テーマに、高齢化が進む現代社会の経済生活を専門分野ごとに検討・分析・解説するとともに、高齢化が進む現代社会で、われわれの暮らしはどのようになるか、また、どのように暮らさなければならないかについて講演したものである。

とくに、高齢化が進むなかで生活に密着した課題であるペット飼育の問題、買い物弱者への対応事例、高齢化社会における経済・財政の課題、投資における会計情報の利用とその注意点、成年後見制度の理論と実際、平成三一年一〇月に税率が引き上げられる消費税負担増の生活、換言すれば、高齢化社会と消費税（消費税増税と私たちの生活）について検討・分析・解説を行ったものである。

高齢化が急速に進むわが国において、高齢者（六五歳以上）がわが国の全人口の二七・八パーセント（平成三〇年一月二二日・総務省統計局発表）であり、二〇三五年には三三・四パーセント（三人に一人）、二〇六〇年には三九・九パーセント（二・五人に一人）になると推計されている。また、一九五〇年には現役世代一〇人で高齢者一人を支えていたが、二〇一〇年には現役世代二・六人で高齢者一人を、二〇六〇年には現役世代一・二人で高齢者一人を支える時代が来ると推計されている。このような情況の下で、われわれはどのように社会生活を送ればよいのか、今後の日本の将来はどうなるのか等々、将来不安が募るなかで、このような統一テーマを下に各専門領域ごとに講演を行ったことは、大変興味深く、また、大変意義深いことであると確信している。つまり、高齢化社会が進むなかで、将来不安に対して如何に対応するか、如何に克服するか、われわれ研究者に課せられた課題でもあると思われる。

このようなことを背景に、今回の公開講座全六回を無事に終えることができ、また、多くの方々に受講していただいたことに御礼申し上げるとともに感謝申し上げる。また、本書の刊行にあたり、南窓社の岸村正路社長、編集から大変お世話になった松本訓子氏、佐田光代氏、企画から講演・原稿の取り纏めを担当していただいた本学図書館スタッフの方々にあらためて御礼申し上げるとともに感謝申し上げる。

二〇一九年二月

高齢化社会における経済生活　目次

高齢化社会における経済生活

高齢社会におけるペット飼育

岩倉由貴

はじめに

従来の「ペットを飼う」から家族の一員として「ペットと共に暮らす」という考えが浸透する中、ペットの成長やライフスタイルに沿うように、人間を対象とした商品やサービスと同じようなものがペットを対象としたビジネスでも展開されるようになり、ペット市場の範囲や規模を拡大させている。近年では、人間同様、ペットも高齢化・長寿化が進んでおり、これを受けて、老犬ホーム・老猫ホームや訪問介護、動物介護士などの高齢ペット向けのサービスが誕生し、また、高齢ペット向けのペットフードや歩行補助用品、介護マットなどの介護用品も充実している。

ペット飼育の環境は整いつつあり、また、高齢者がペットを飼育することで精神的・身体的な健康が増進するといったペット飼育が高齢者にもたらす効果は明らかにされているものの、高齢者が高齢ペットの介護をする「老々介護」といった問題や、「飼い主が病気や高齢のためペットの世話ができない」「高齢者施設に入居するためにペットを連れていけない」など、高齢者によるペットの飼育放棄の問題がある。

本稿では、高齢社会におけるペット飼育として、第一章ではペットの高齢化と高齢ペット向け商品・サービスを含めたペット関連市場を概観する。第二章では高齢者によるペット飼育の問題点を述べ、第三章では高齢者が健康上の理由からペットの飼育が困難となった場合、どのような選択肢があるのか、どのような準備が必要かを考えていく。なお、紙幅の都合上、講座ではペット関連市場の現状として紹介した市場の構造や市場規模、動物取扱業者や獣医師の数などは省略し、ペットも高齢化が進んでいるという状況を鑑み、市場については高齢ペットを対象としたものを中心に述べていくこととする。また、本稿は高齢ペットの飼い方や病気、ペットの老いを防ぐ方法といった獣医学的な視点ではなく、市場とのかかわりという視点から考察するものである。

近年、いわゆるペットのことを、伴侶動物を指す〝コンパニオンアニマル〟と呼ぶこともあるが、ペットという言葉の方がより身近であることから、本稿ではペットと呼ぶ。なお、さまざまな種類の動物がペットとして飼育されているが、本稿で対象とする動物は犬と猫である。

一　ペット関連市場について

博報堂生活総合研究所の調査(二〇一六)によると、ペットも家族の一員だと思うと回答した人は全体の五四・五%を占める。[1] 現在、ペットのライフステージやライフスタイルに応じて、さまざまなビジネスが展開されており、人間用の商品・サービスと同じようなものがペットを対象としたビジネスでも展開されている。東海林(二〇一五、三九~四〇頁)はペット・ツーリズムを「飼い主とペットが一緒に、日帰りや宿泊の如何を問わず、非日常的な圏域や環境において、飼い主とペットの双方にとって余暇を楽しむための レクリエーション行動」と定義し、ここには「ペットと一緒にホテル等に宿泊することのみならず、日帰りで公園のドッグランに遊びに行くことやカフェなどに行くことも、ペット・ツーリズムに含まれることになるものであるとみなす」としている。ペット同伴での外出は行動に制約が生じることも多くあるが、最近では、公共交通機関や商業施設でもペット同伴の飼い主を見ることが増え、ペット同伴可の飲食店(テラス席のみ可も含む)も増えている。ドッグランを併設した高速道路のサービスエリアやペットと共に宿泊できる施設の増加は、ペットとの旅行に対する需要の高まりと言えよう。[2]

しかしながらどこでも一緒というわけにはいかない。留守番が必要になるのだが、犬の飼い主の七割が犬の留守番に対しネガティブな感情を抱いていることが、ペットカメラFurboを展開するTomofun株式会社が日米の犬の飼い主を対象に行った調査より明らかとなった。[3]「家族同様のわが子を一人で留守番させるのは不安だ」と考える飼い主も多い。そんな時に活躍するのが留守番中のペットの様子をリアルタイムで見ることができるペットカメラである。上記のFurboという商品はスマートフォンを使い、外出先からリアルタイムでペットの様子を見ることができるだけでなく、おやつをあげたり話しかけるなどコミュニケーションをとることもできる。犬が吠えたり動くとスマートフォンに通知が来る設定も可能である。離れていても近くに感じることができ、留守番時の不安の軽減につながっている。

そんな家族も長寿化・高齢化が進んでいる。一般社団法人ペットフード協会によると、全国の一般家庭で過去一〇年間に飼育された犬と猫の平均寿命は、犬が一四・一九歳、猫が一五・三三歳である。[4]須田(二〇一一)は「犬猫の平均寿命などの資料は少ない」としたうえで、犬猫の死亡カルテの収集・分析から、「一九八〇年は、犬猫の平均死亡年齢は三~四歳、一九八九年は一〇歳前後、一九九八年には一四歳に達し、その後一〇年間は一三~一四歳で推移している」と述べている(須田、二〇一一、二二頁)。二〇〇二年に金融会社のテレビコマーシャルにチワワが使われたことからチワワの人気が高まったが、この頃のペットブームで迎えた犬の高齢化が進んでいるのである。

寿命が延びた理由には、人間同様、医療の進歩や食事であるペットフードの質の向上、ワクチン接種の普及、ペットと飼い主の関係の変化、飼育環境の向上などがある。二〇一七年には犬の五八・九%が高齢期、猫の四四・八%が高齢期を迎えている（ペットフード協会調査より）[5]。このようにペットの高齢化が進む中、高齢ペット向けの商品やサービスも数多く存在する。例えば、ユニ・チャーム株式会社は、高齢犬の介護用品ブランド「ユニ・チャーム　ペットPro」を二〇一六年に立ち上げ、介護マットなどの介護ケア用品四点を全国約九千の動物病院にて販売している。また、同社が二〇一六年九月に発表した秋のペットフード二〇の新製品のうち、一六製品が高齢犬用と、高齢犬のペットフードを充実させている[6]（『日経MJ』二〇一六年一一月一六日）。ペット用品の通販サイトPeppyには介護用品というカテゴリーが設けられており、介護用マットや歩行補助、床ずれ対策、介護食などの商品が展開されている。サービスでは人間でいうところの高齢者施設である老犬ホーム・老猫ホーム、訪問介護、日中ペットを預けるデイサービスなどがあり、介護が必要なペットも利用可能である。介護やケアができる人材育成の必要性から、動物介護士やペットヘルパーといった民間の資格もある。このように飼育を支える商品・サービスが存在している。

二　高齢者によるペット飼育

公益社団法人日本獣医師会の「家庭飼育動物（犬・猫）の診療料金実態調査及び飼育者意識調査（平成二七年度）」によると、「動物を飼って良かったと感じること」の回答として、「生活に安らぎが生まれる」が最も多く七一・〇％、次いで「家の中が明るくなる」が六三・五％、「家族の会話が増える」が三八・四％となっている。(7)

本講座のテーマに即し、高齢者によるペット飼育についてみてみると、高齢者がペットを飼うことによる精神的・身体的な健康増進は多くの研究で指摘されている。例えば、ユニ・チャーム株式会社による調査では、「動物とのふれあいは、高齢者のＱＯＬ（Quality of life＝生活の質）を維持し、トイレでの排泄や規則的な生活リズムが継続できること」を明らかにした。(8) 犬を飼う場合、散歩やケアに時間がかかるため、退職し、時間に余裕が持てるようになった高齢者は飼うのに適した世代とも言えるであろう。一方で、高齢者がペットを飼育することにより生じる問題もある。本稿では高齢者がペットを飼育するときに生じる可能性が高い問題として、「世話が十分にできないかもしれない」ということと、「最後まで世話ができないかもしれない」ということの二点を取り上げ、詳しくみていく。その後、ペットの高齢化をふまえ、高齢ペットを飼うことについてみていく。

(1) 高齢者によるペット飼育の問題点

第一の問題は「世話が十分にできないかもしれない」ということである。厚生労働省の発表によると、二〇一六年の男性の平均寿命は八〇・九八歳、女性の平均寿命は八七・一四歳である。例えば、六五歳で子犬・子猫(〇歳)を飼育し、飼育する犬猫が一五歳で寿命を迎えたとする。六五歳で犬猫を飼った場合、犬猫が寿命を迎える時、飼い主は八〇歳である。前述のとおり、二〇一六年の平均寿命は男性が八〇・九八歳、女性が八七・一四歳であることから、数字の上では犬猫が寿命を全うするまで飼育することは可能である。問題は健康寿命である。健康寿命とは、「人の寿命において『健康上の問題で日常生活が制限されることなく生活できる期間』」(平成二六年版『厚生労働白書』より)のことで、二〇一六年のその年齢は男性で七二・一四歳、女性で七四・七九歳、平均寿命と健康寿命の差は男性で八・八四歳、女性で一二・三五歳となっている。現状をみると、特に五〇代、六〇代において飼育意向の低下がみられ、飼育を妨げる要因としては、六〇代では「別れがつらいから」に次いで「十分に世話ができないから」が二番目に挙げられている(ペットフード協会調査より)。ペットの飼育には爪切りやブラッシングなどの日常的なケア、ペットフードやペット用品の買い物、犬の場合は散歩に連れて行くなど、飼育するには少なからず身体的・精神的な負担がかかる。視力が衰えることにより小さな傷や皮膚のトラブルなど、細かい変化に気づかないかもしれない。体力が衰えることにより散歩やブラッシング、歯磨きといったケアが難しくなるかもしれない。健康寿命の延伸は国の方針のみならず、飼い主にとって重要な課題と言えよう。

第二の問題は「最後まで世話ができないかもしれない」、すなわちペットを手放す可能性が高くなるということである。朝日新聞の調査によると、調査した全国一一二の自治体で犬猫を引き取る理由の一位が「飼育者が高齢・病気・入院（入所）・死亡」という、高齢者による飼育放棄であることが分かった[9]（『朝日新聞』二〇一六年一一月二日）。奥田らの調査（二〇一三）によると、所有権放棄する人の年代は、六〇代が三一・五％、七〇代以上が二四・八％と約六割を占めており、所有権放棄の理由は、「飼い主の死亡・病気・入院」が二六・三％、「犬の病気・痴呆・高齢」が一四・四％となっている。横浜市の現状をみると、二〇一五年度に飼えなくなった犬八七頭のうち、「飼い主の病気・死亡等」が二四頭、「犬の病気・老齢」が七頭、二〇一六年度に飼えなくなった四四頭のうち、「飼い主の病気・死亡等」が二三頭、「犬の病気・老齢」が四頭であった。猫では、二〇一五年度に飼えなくなった猫八七頭のうち、「飼い主の病気・死亡等」が二九頭、二〇一六年度に飼えなくなった猫九六頭のうち、「飼い主の病気・死亡等」が二九頭、「猫の病気・老齢」はいずれの年も〇頭であった。つまり、二〇一五年度は犬では二七・六％、猫では三三・三％が、二〇一六年度は犬では五二・三％、猫では三〇・二％が「飼い主の病気・死亡等」が原因で横浜市に収容されている[10]。

年代別のあったらいいと思う飼育サービスをみると、六〇代では「旅行や外出中の世話代行サービス」が一位、続いて「高齢で飼育不可能な場合の受入施設提供サービス」「飼育が不可能な場合の引取り手斡旋サービス」となっている。七〇代では、「高齢で飼育不可能な場合の受入施設提供サービス」が一位、続いて「旅行や外出中の世話代行サービス」「飼育が不可能な場合の引取り手斡旋サービス」となっている[11]（ペットフード協会調査より）。飼育できなくなった時への不安が見て取れる。

特に高齢になれば入院・入所・死亡によりペットを手放す可能性が高くなる。これに備えて、何かあったときには飼い主に代わって飼育をしてくれる人を探しておけば良いのだが、もし面倒を見る人を決めていなければ、誰がペットの面倒を見るのかという問題が生じる。飼育者本人も困るが、飼育者本人以外を困らせるケースもある。例えば川崎市内の地域包括支援センターが行った調査では、八二%のケアマネジャーが利用者を支援する上でペットのことで困ったことがあると回答した。記述欄には、「利用者がペットの世話をできなくなり、排せつ物の悪臭で困った」「認知症で犬のしつけができておらず、訪問時にかまれた」「（サービス外の）ペットの世話や清掃を依頼されてしまった」といったペットの世話に関することや、「在宅困難となり、ペット同伴可の有料老人ホームも選べず、取り残されたペットの対応に苦慮した」「ペットの世話を理由に利用者が入院を拒み、病状が悪化した」といったことが挙げられている[12]（『神奈川新聞』二〇一八年五月二日)。

飼育をサポートする商品やサービスはあるものの、飼えなくなるリスクは常にある。特に高齢になれば入院・入所・死亡によりペットを手放す可能性が高くなる。こういった状況から、犬や猫の譲渡を受ける際に、年齢制限を設けるところや飼育できなくなった場合に代わって飼育できる人、いわゆる保証人が必要なところも出てきた。例えば横浜市動物愛護センターでは「万一継続して飼育できなくなった場合に備えて、代わって飼育することのできる親族、知人等を選定し、その者が飼育可能である旨の誓約書(様式任意)を提出できること」[13]、東京都動物愛護相談センターでは譲渡を受けるための条件の中に「原則、都内にお住まいで二〇歳以上六〇歳以下の方」[14]とある。動物保護団体(ボランティア団体)でも同様の基準を設けているところが多い。ペットが再度飼育放棄されるのを防ぐためにはやむを得ない条件ともいえよう。

一方、高齢者でもペットを飼うことを支援するところもある。例えば赤坂動物病院の「七〇歳からパピーとキトンと暮らすプログラム」では、ペットの選択、しつけ、健康のサポートをするとともに、七五歳からは電話によるサポート、八〇歳からは動物看護士による訪問サポートが準備されている。[15]横浜市の動物保護団体ニュータウン動物愛護会では、高齢(五歳以上)や病気がちの犬猫は高齢者にも譲渡しているという(『朝日新聞』二〇一六年九月二七日)[16]。

(2) 高齢ペットを飼うということ

ペットが高齢の場合、状況はより深刻化する。人間同様、ペットも高齢になれば怪我や病気の発生率が高くなる。認知症になったり、自力で動くことができず介護が必要になることもある[17]。動物病院に連れていく機会も増え、動物にかかる医療費の問題もある。ペット保険大手のアニコム損害保険株式会社が刊行する『アニコム家庭動物白書二〇一七』には犬と猫の品種ごとの医療費が載っているが、その医療費を見ると、年齢が上がると医療費が上がる傾向がみられる[18]。日本獣医師会によると、動物病院にかける費用の平均は一カ月七四〇八円、一万円未満が八五%で、年齢別でみると犬猫ともに一三歳を超えると平均費用が高まっている[19]。

医療費の問題に加え、高齢ペットはサービスを利用できないかもしれないという問題もある。例えば、トリミングサロンやペットホテルを利用しようと思っても、高齢を理由に断られることもある。さらに、高齢のペットは新しい飼い主が見つかりづらいこともある。

人間もペットも高齢化している。人間でも高齢者が高齢者を介護する老々介護という言葉があるが、ペットも高齢化が進む中、高齢者が高齢ペットを介護するという老々介護に直面している。もともと、ペットを飼うには体力的・経済的な負担はつきものである。飼い主が高齢になれば特に体力的な負担は大きく感じるかもしれないし、ペットが高齢になれば医療費がかかり、より経済的な負担は大きくなるかもしれない。東京都動物愛護相談センターでは譲渡を受ける為の条件に「経済的、時間的に余裕がある方」を挙げているが[20]、経済的・時間的な余裕は必要である。

三　飼育困難となった場合の選択肢

これまでの内容をふまえ高齢者が健康上の理由からペットの飼育が困難となった場合、どのような選択肢があるか、どのような準備が必要かを考えてみたい。

飼育が困難となった場合の第一の選択肢は「飼い続ける」というものであろう。これまで見てきたとおり、飼育をサポートする商品・サービスが存在することから、それらを活用し飼い続けるということである。また、自宅での飼育が困難な場合、ペットと共に入居できる施設に入り、そこで飼い続けるということもある。近年、ペットと共に入居できる高齢者施設も増えてきた。したがって、飼育環境が変わったとしても「飼い続ける」というのが第一の選択肢である。

しかし、自宅での飼育を選んだ場合、ペットの世話が十分にできないかもしれないという問題や、ペットが高齢の場合はサービスを利用できないかもしれない、ペットの介護が必要になっても体力面で介護ができないかもしれないという問題がある。サービスに関しては、ペットが高齢の場合、預けようと思っても高齢のペットは預かってもらうことができないケースもあることは既に述べたとおりであるが、これ以外にも、サービス利用に伴う条件に関する問題もある。

ペットサービスを利用する場合、犬の場合は一年以内の狂犬病予防接種証明書および混合ワクチン接種証明書の提出が必要になるところが多い。犬は狂犬病予防法により年に一回の狂犬病予防注射の接種が義務づけられているが、混合ワクチンは任意である。任意であってもペットが集まるところを利用する場合、接種していないと利用を断られることもある。[21] これまで動物病院に連れて行ったり、ペットサービスを利用したことがなければ任意の混合ワクチンは未接種の可能性が高いと推測できる。

以上のことから、飼育環境が変わったとしても「飼い続ける」という選択には、健康診断も兼ねて日ごろから動物病院に行き、飼い主のみならず、ペットの健康管理にも留意することが求められる。また、ペットのことを相談できるところを見つけておくことも大切である。[22] 高齢ペットの場合は、訪問介護や高齢ペットでも預けられる業者を探しておく。なお、突然預けられるとペットが分離不安を起こすこともあるので、事前に利用し、どのような業者なのか、ペットとの相性はどうか、確認しておくと飼い主も安心してペットを託すことができるだろう。高齢者施設に入居する場合、すべての施設がペットと共に入居できるわけではないので、ペットと入居できる施設を探しておく必要がある。その際、入居者が死亡後、ペットがどうなるのかも事前に調べておく必要がある。横須賀市にある特別養護老人ホーム「さくらの里　山科」では、入居者が死亡後も施設のペットとして引き取る仕組みとなっている（石村、二〇一七、八〇頁）が、すべてがこのような仕組みになっていない。

飼育困難となった場合の第二の選択肢は「手放す」ことであろう。ペットと共に入居できる高齢者施設に入居できないケースや入院するケースが挙げられる。この場合、飼ってくれる人を探し、ペットを託すことが考えられる。例えば家族や知人・友人を頼る、行政や動物保護団体（ボランティア団体）に相談する、老犬ホーム・老猫ホームに預けるといった手段がある。

老犬ホーム・老猫ホームとは、譲受飼養業という「有償で動物を譲り受けて飼養を行うこと」を内容とする業に該当する動物取扱業で、二〇一三年には二〇カ所だったが二〇一七年には一一八カ所と、年々増加している。(23) 名称から、高齢のペットを預ける施設のように感じるが、飼い主が高齢で飼育できないため高齢ではないペットを預け老犬ホーム・老猫ホームにて終生飼養する場合もある。預けている期間は面会や一時帰宅が可能というところもある。動物取扱業としては比較的新しいビジネスで、中には劣悪な環境で飼育されていることもあり、業者による業界団体が誕生したばかりである。

「手放す」という選択においては、信頼できる預け先を探しておくことが大事である。飼育できないペットを引き取り、適切な世話をせずに飼育する「引き取り屋」という新しいビジネスも誕生し、問題になっているが[24]、老犬ホーム・老猫ホームなど業者に預ける場合は、事前に見学し、どのような環境でペットが過ごすことになるのか、どのような業者なのか、ペットとの相性はどうかなどを確認することで、預ける側も安心できる。また、終生預けることになった場合、預けた後も面会や一時帰宅が可能なところを選ぶこともできるが、ペットも飼い主も高齢になれば移動はより負担になる。施設そのものに加え、預けた後にどのようにペットとかかわっていくのかを考慮して選ぶ必要がある。

ペット飼育には金銭的負担が生じる。そこで、信頼できる人にペットと飼育に必要な金銭を託すことができる信託という制度や、保険に加入しておくこともペットが飼えなくなった場合にペットを守る手段として挙げられる。ここでいう保険とは、ペットのための医療保険ではなく、飼えなくなったときにペットの面倒を見てくれる保険である。例えばアスモ少額短期保険株式会社の「ペットのお守り」は、飼い主の死亡時にペットを施設に入居させたり、入院時にペットを預ける費用を支払う保険である[25]。株式会社日本ペットオーナーズクラブの「ペット安心ケア制度」は、飼い主が死亡した場合、事前に登録した動物病院が終生ペットの世話をする仕組みである[26]。人間同様、備えがあればより安心できる。

今回は健康上の理由からペットを飼育できないケースを考えてきたが、その他にも、飼い主の認知症や死亡により飼育できないケースもある。その時は任意後見契約を結ぶという手段や遺言を残す手段もある。「ペット安心相談室」では、相続とペット法務の専門家によるセミナーや相談もあるが[27]、自分に適した手段を事前に専門家に相談しておけば安心だ。

四　飼育する以外の選択肢

世話をする自信がないという理由からペットを飼わない選択をする人もいる。責任のある飼い主としては望ましいが、飼いたいという権利は誰でも有する。現在、ペットショップから迎えると子犬・子猫が中心であるが、自分の年齢を考えたときに、最後まで世話をする自信がないという場合は、子犬・子猫ではなく、成犬・成猫を飼育することも選択肢の一つと言えよう。奥田(二〇一八、七三～七四頁)は、高齢化社会におけるペットショップの役割として、適切なマッチングを実現する繁殖引退犬の譲渡、引取り保証制度、貸与制度を提唱している。環境省によると二〇一六年度に殺処分となった犬と猫の数は五万五九九八四匹である。この数を減らすために新しい飼い主を探す取り組みが、行政や動物保護団体(ボランティア団体)などで行われているが、現在でも、多くの犬猫が新しい飼い主を待っている。特に成犬は引取り手が少ない。成犬・成猫を引き取った場合、ペットの介護が必要になる時期は子犬・子猫を飼ったときよりも早く訪れる可能性は高いが、成犬・成猫を引き取り、彼らの命を救うことも良いだろう。以下では、自分で飼う以外に、ペットと暮らす手段を紹介する。

ペット共生シェアハウスを展開しているHOUSE-ZOO株式会社は、国土交通省の平成二九年度先駆的空き家対策モデル事業に採択された（事業名：高齢者共同居住型住宅の保護犬（猫）共生型で相互みまもり）。空き家問題の解消として、高齢者と飼い主のいないペットが一緒に暮らすシェアハウスを進めている[28]。動物保護団体である東京キャットガーディアンが展開する「猫付きマンション」や「猫付きシェアハウス」は、保護猫を住人が育てるという仕組みである（山本・松村、二〇一五）。

高齢者施設に入居する際には、ペットと共に入居できる施設を選択することも一つの案だろう。前述のペットと共に入居可能な特別養護老人ホーム「さくらの里　山科」では、入居者以外にも、施設で犬と猫を飼っている（石村、二〇一七、八一頁）。自分で飼っていなくても、他の入居者や施設のペットと一つ屋根の下で暮らすことができる。その他、一時預かりというボランティアもある。これは、動物保護団体（ボランティア団体）などが保護した動物を新しい飼い主が決まるまで一時的に家庭で預かり、動物の世話をするというものである。

以上、ペットと暮らす手段をみてきたが、動物のいるカフェを利用することでペットと暮らさなくてもペットと交流することができる。代表的なものとしては猫カフェがあるが、それ以外にも保護猫カフェ・保護犬カフェといった、新しい飼い主探しの場所として機能するカフェもある。ペットの代替として、ロボットと暮らすのも一つの手段である[29]。家庭用ロボットは六〇歳以上に需要が高く、髙島屋新宿店では百貨店初となるロボット専門売り場「ロボティクススタジオ」を開設した[30](『日経MJ』二〇一八年四月二七日)。ロボットは散歩をしたり、ペットフードやトイレの心配、介護の心配もいらない。共働き世帯が増え、ペットの飼育が難しくなっていることから、子供がペットの飼育経験を味わうものとしてペット玩具へのニーズがあるという[31](『日経MJ』二〇一六年一一月二三日)。ソニーは二〇一八年に一二年ぶりに犬型家庭用ロボット「aibo」を発売したが、ペットではなく、ロボットと暮らすことも一つの手段として挙げられる。

おわりに

本稿では、高齢社会におけるペット飼育というタイトルのもと、高齢者によるペット飼育やそれに伴う問題、飼育困難になった場合の選択肢をみてきた。これらのことは高齢者のみならず、飼い主すべてに当てはまる。突然事故で飼い主が死亡し、ペットが残されることも考えられる。飼えなくなる可能性は年齢を問わずいつ訪れるか分からない。飼えなくなるかもしれないということを念頭に置き、飼い主に何かあっても大切なペットを守るための備えが求められる。

参考文献

石村紀子（二〇一七）「犬や猫と一緒に入れる高齢者ホーム」『高齢者ホーム　二〇一八　プロに教わるやすらぎの選びかた』（週刊朝日ムック）朝日新聞出版。

奥田順之ほか（二〇一三）「犬の飼育放棄問題に関する調査から考察した飼育放棄の背景と対策」動物臨床医学会年次大会プロシーディング。

奥田順之（二〇一八）『ペット産業ＣＳＲ白書――生体販売の社会的責任』特定非営利活動法人　人と動物の共生センター。

東海林克彦（二〇一五）「ペット・ツーリズムの適正推進方策に関する考察」『観光学研究』一四号、三九〜四九頁。

須田沖夫（二〇一一）「家庭動物（犬猫）の高齢化対策――飼育者にその死をどう受け入れさせるか」『日本獣医師会雑誌』六四巻一号、二二〜二六頁。

山本葉子・松村徹（二〇一五）『猫を助ける仕事　保護猫カフェ、猫付きシェアハウス』光文社新書。

注

（1）　博報堂生活総合研究所『生活定点』調査より。なお、調査地域は首都四〇キロ圏と阪神三〇キロ圏、二〇一六年の有効回答数は三一六〇人である。
（2）　栃木県にある那須ハイランドパークは、飼い主とペットが一緒に楽しめるよう、ペットと乗れるアトラクションやドッグラン、ドッグカフェなどの充実した施設が整備されている。
（3）「『愛犬のお留守番』にみる日本とアメリカの飼い主の違い」より。https://shopjp.furbo.com/blogs/press-mention/usandjpn（アクセス日、二〇一八年九月二一日）。
（4）　一般社団法人ペットフード協会『平成二九年（二〇一七年）全国犬猫飼育実態調査結果』より。以下、ペットフード協会調査とは当該調査を指す。

（5）この調査では七歳以上の犬猫を高齢期としている。http://www.petfood.or.jp/data/chart2017/3.pdf（アクセス日、二〇一八年九月二一日）。
（6）「増える高齢ペットに商機、ユニ・チャーム、犬の介護用品ブランド、日清ペットフード、国産原料使う餌でケア」『日経ＭＪ』二〇一六年一一月一六日、五頁およびユニ・チャーム　ペットProウェブサイトより。http://pet.unicharm.co.jp/pro/（アクセス日、二〇一八年九月二二日）。
（7）回答者は一般飼い主三〇九六人である。『家庭飼育動物（犬・猫）の診療料金実態調査及び飼育者意識調査　調査結果（平成二七年六月）』http://nichiju.lin.gr.jp/small/ryokin_pdf/h27.pdf（アクセス日、二〇一八年九月二二日）。
（8）ユニ・チャーム株式会社ニュースリリース「高齢者とペットのふれあいが自律排泄や生活リズムを良い状態に保つ」より。http://www.unicharm.co.jp/company/news/2017/1206808_3926.html（アクセス日、二〇一八年九月二二日）。
（9）「増える高齢者の飼育放棄　犬猫引き取り行う一一二自治体　朝日新聞調査」『朝日新聞』二〇一六年一一月二日。
（10）横浜市『平成二七年度　動物愛護管理関係業務概要』より。http://www.city.yokohama.lg.jp/kenko/hokenjo/genre/douai/about/gyomugaiyo.pdf（アクセス日、二〇一八年九月一六日）。
（11）この対象は、非飼育者で今後飼育意向がある人である。
（12）「川崎のケアマネ八割『困った』介護支援悩ますペット」『神奈川新聞』二〇一八年五月二日。
（13）横浜市動物愛護センターウェブサイトより。http://www.city.yokohama.lg.jp/kenko/hokenjo/genre/douai/joto/pre.html（アクセス日、二〇一八年九月六日）。
（14）東京都動物愛護相談センターウェブサイトより。http://wannyan-tokyo.jp/center-kara/（アクセス日、二〇一八年一〇月二七日）。
（15）赤坂動物病院公式ウェブサイトより。http://www.akasaka-ah.com/senior.html（アクセス日、二〇一八年九月一五日)。
(16)「保護犬猫、シニアと生きる　一時預かりボランティアも愛護団体が橋渡し」『朝日新聞』二〇一六年九月二七日。
(17)もちろん、高齢になる前に介護が必要になるペットもいる。
(18)アニコム ホールディングス株式会社『アニコム家庭動物白書二〇一七』https://www.anicom-page.com/hakusho/book/pdf/book_201712.pdf(アクセス日、二〇一八年九月一三日)。
(19)公益社団法人日本獣医師会『家庭飼育動物(犬・猫)の診療料金実態調査及び飼育者意識調査　調査結果(平成二七年六月)』より。http://nichiju.lin.gr.jp/small/ryokin_pdf/h27.pdf(アクセス日、二〇一八年九月一二日)。
(20)東京都動物愛護相談センターウェブサイトより。http://wannyan-tokyo.jp/center-kara/(アクセス日、二〇一八年一〇月二七日)。
(21)なお、健康上の理由など、何らかの理由で接種ができない場合、予防接種猶予証明書や事前相談があれば利用可ということころもある。
(22)例えば、東京都動物愛護相談センターでは、「ペットに関する相談を受け付けています。また、新しい飼い主探しの助言や協力をお願いできるボランティア団体を紹介しています」とある(東京都福祉保健局ウェブサイトより)。http://www.fukushihoken.metro.tokyo.jp/kankyo/aigo/soudanmadoguti.html(アクセス日、二〇一八年九月一六日)。
(23)環境省「動物取扱業者の登録・届出状況」より。https://www.env.go.jp/nature/dobutsu/aigo/2_data/statistics/work.pdf(アクセス日、二〇一八年九月一〇日)。
(24)引き取り屋に関しては、NHKの番組「クローズアップ現代」でも取り上げられた(二〇一六年五月二六日放送、「追跡!ペットビジネスの闇」)。
(25)アスモ少額短期保険株式会社ウェブサイトより。http://www.asmo-ssi.co.jp/product/pet.html(アクセス日、二〇一八年九月一五日)。

(26) 株式会社日本ペットオーナーズクラブウェブサイトより。http://www.petowner.co.jp/petcare/index.html(アクセス日、二〇一八年九月一五日)。

(27) ペット安心相談室ウェブサイトより。https://soleil-confiance.co.jp/pet/(アクセス日、二〇一八年九月二三日)。

(28) 国土交通省『平成二九年度先駆的空き家対策モデル事業　採択団体一覧』より。http://www.mlit.go.jp/common/001194634.pdf

(29) アニマル・セラピーとして、病院や高齢者施設でロボットが導入されてきた。医療用ロボットとしては、アザラシ型のロボット、パロが有名である。パロは次のように紹介されている。「動物が飼えない方や、アニマル・セラピーが(原文ママ)導入が困難な施設などのために、アニマル・セラピーに替わる『ロボット・セラピー』用ロボットとして研究・開発されたのが、メンタルコミットロボット『パロ』です」。http://www.daiwahouse.co.jp/robot/paro/products/about.html(アクセス日、二〇一八年九月一六日)。

(30) 「シニア向けロボ、店舗拡大、高島屋、今秋大阪に二カ所目、話し相手、ペットロス解消」『日経ＭＪ』二〇一八年四月二七日、九頁。

(31) 「クリスマスなに贈る?――子どもにはペット玩具、鳴き声やしぐさリアルに、猫、セガトイズ、犬、トイザらス」『日経ＭＪ』二〇一六年一一月二三日、四頁。

買物弱者への対応事例
――軽トラックによる移動訪問販売「とくし丸」の意義――

小林二三夫

はじめに

少子高齢化や過疎化などの急激な社会情勢の変化により、地方のみならず都心においても交通機関や飲食料品小売店舗の減少など日常生活に重要な「生活インフラ」が弱体化している。特に自宅から歩いて三〇〇メートル以内の徒歩圏内に牛乳、惣菜、パンなど日配品や生鮮食品を販売する食品販売店の減少は高齢者にとって買物弱者・フードデザート問題(1)として解決が迫られている。

買物弱者を帯広畜産大学の杉田聡は、二〇〇八年にその著書で「買物難民」と命名し高齢者に関わる大きな社会問題として提起した。その著書の中で「豆腐さえ買えない」とし、豆腐ひとつ買うのにバスやタクシーに乗らなければならないなんて…」として買物弱者問題の本質を指摘している。自ら車を運転できない高齢者は買物弱者の象徴的な存在であり、買物弱者の問題は、健康問題や行政コストの増大といった波及的な課題につながる可能性がある。特に買物環境の悪化は、低栄養といった問題につながりやすく、英国では低栄養が医療費や介護費の増加をもたらすとして、その経済的損失が議論されている。

本学では、長寿社会を支える商業イノベーションの具現化を目的に老年学(Gerontology)と商学(Commerce)を融合した「ジェロンコマース」(Geron-commerce: Gコマース)という新たな研究分野を確立すべく本学の地域産業研究所が実践的な研究・地域貢献活動をしており、本稿はその研究活動の一環でもある。

一　高齢化の状況

総務省統計局が二〇一八年の敬老の日を迎えるにあたり、「各種統計から見た日本の高齢者の動向」をまとめた。このレポートによれば、日本の六五歳以上(高齢者)[2]の人口は、二〇一八年九月一五日時点で三五五七万人となり、高齢者の総人口比は、二八・一%になった。総人口に占める割合が四分の一を超えたのは二〇一三年以降である。この数字は平均値であり、東北や四国一三県の高齢者比率は、三〇％を超える。横浜市栄区の桂台で本学地域産業研究所が「エンディングノート書き方講習」を開催した折り、自治会長は同地域の高齢者比率は五〇％を超えていると言われていた。買物弱者の問題を考えるにあたり三〇〇～五〇〇平方メートル四方程度の小売販売店の実態と住民の状況が重要になる。

体の不都合が出る率が高くなる七五歳以上の人口は、一七九一万人と総人口比一四・二％になっている。総人口は、二〇〇八年をピークに、二〇一一年以降、継続して減少している。二〇一八年九月一五日時点で日本の総人口は、一億二六四二万人と、前年に比較して二七万人減少した。神奈川県内の都市であれば平塚市の全人口[3]以上が一年間で消失したことになる。高齢者の人口比率は、一九八五年に一〇％、二〇〇五年に二〇％を超え、二〇一八年は、二八・一％とその増加速度が速いことが問題への対応を難しくしている。高齢者比率は、今後も上昇を続け、第二次ベビーブーム期（一九七一～一九七四年）に生まれた世代が六五歳以上となる二〇四〇年には、三五・三％になると見込まれている（表1）[4]。世界の高齢者比率は、日本（二八・一％）が一番高く、次いでイタリア（二三・三％）、ポルトガル（二一・九％）、ドイツ（二一・七％）となっている（表2）。

介護状況については、買物弱者との関係を深く検討する必要がある。内閣府の『高齢社会白書』（平成二九年版）によると、介護保険制度における要介護者または要支援者と認定された人は、

表１　年齢３区分別人口及び割合(2017年、2018年)ー９月15日現在

区　分	総人口	15歳未満	15～64歳	65歳以上	70歳以上	75歳以上	80歳以上	85歳以上	90歳以上	95歳以上	100歳以上
2018年											
人　口（万人）											
男女計	12642	1543	7542	3557	2618	1796	1104	570	219	51	7
男	6152	790	3816	1545	1091	705	396	176	54	9	1
女	6490	753	3726	2012	1527	1091	709	393	165	42	6
総人口に占める割合（%）											
男女計	100.0	12.2	59.7	28.1	20.7	14.2	8.7	4.5	1.7	0.4	0.1
男	100.0	12.8	62.0	25.1	17.7	11.5	6.4	2.9	0.9	0.1	0.0
女	100.0	11.6	57.4	31.0	23.5	16.8	10.9	6.1	2.5	0.7	0.1
人口性比 ※	94.8	104.9	102.4	76.8	71.5	64.6	55.8	44.8	32.7	20.2	14.9
2017年											
人　口（万人）											
男女計	12669	1560	7596	3513	2518	1746	1073	544	205	47	7
男	6165	799	3841	1525	1044	682	382	167	49	8	1
女	6504	761	3755	1988	1474	1063	691	377	156	39	6
総人口に占める割合（%）											
男女計	100.0	12.3	60.0	27.7	19.9	13.8	8.5	4.3	1.6	0.4	0.1
男	100.0	13.0	62.3	24.7	16.9	11.1	6.2	2.7	0.8	0.1	0.0
女	100.0	11.7	57.7	30.6	22.7	16.3	10.6	5.8	2.4	0.6	0.1
人口性比 ※	94.8	104.9	102.3	76.7	70.8	64.2	55.3	44.1	31.8	20.1	15.0

資料：「人口推計」。
※）女性100人に対する男性の数。
注）表中の数値は、単位未満を四捨五入しているため、合計の数値と内訳の計が一致しない場合がある（以下この章において同じ）。

（出典）総務省「統計からみたわが国の高齢者」2018年９月16日。

表2　高齢者人口の割合(上位10カ国)(2018年)

順位	国名	総人口（万人）	65歳以上人口（万人）	総人口に占める65歳以上人口の割合（%）
1	**日本**	**12642**	**3557**	**28.1**
2	イタリア	5929	1382	23.3
3	ポルトガル	1029	225	21.9
4	ドイツ	8229	1783	21.7
5	フィンランド	554	120	21.6
6	ブルガリア	704	148	21.1
7	ギリシャ	1114	229	20.6
8	クロアチア	416	84	20.1
9	スウェーデン	998	201	20.1
10	フランス	6523	1308	20.1

資料：日本の値は、「人口推計」、他国は、World Population Prospects: The 2017 Revision (United Nations)(201の国及び地域を掲載)。

注）日本は、9月15日現在、他国は、7月1日現在。

（出典）総務省「統計からみたわが国の高齢者」2018年9月16日。

表3　要介護等認定の状況

単位：千人、（　）内は%

65〜74歳		75歳以上	
要支援	要介護	要支援	要介護
245 (1.4)	508 (3.0)	1,432 (9.0)	3,733 (23.5)

資料：厚生労働省「介護保険事業状況報告（年報）」（平成26年度）より算出
（注1）経過的要介護の者を除く。
（注2）（　）内は、65〜74歳、75歳以上それぞれの被保険者に占める割合

（出典）内閣府『高齢社会白書』平成29年版。

二〇一四年度末で五九一・八万人となっている。前年度より約二三万人増加している。高齢者の要介護者または要支援者は、急速に増加しており、介護保険の被保険者に占める要介護者または要支援者の割合は、七五歳以上で三二・五％であり、六五歳～七四歳までの同割合四・四％と比べると七倍以上になっている（表3）。今後、団塊の世代が七五歳以上になる二〇二五年に向かい七五歳以上の後期高齢者は急速に増加する。厚生労働省はじめ行政は、「住み慣れた地域で老いる」[5]という「地域包括ケアシステム」を推進している。住み慣れた地域に住む高齢者が増えることとは、買物弱者への対応の必要性が増していくことになる。

二　買物弱者への対応

わが国では、高齢化や単身世帯の増加[6]、地元小売業の廃業、既存商店街の衰退等により、過疎地域に限らず都市部などでも高齢者を中心に食料品の購入に不便や苦労をしている買物弱者が増えている。買物弱者とは、「流通機能や交通網の弱体化とともに、食料品等の日常の買物が困難な状況に置かれている人々」と経済産業省は定義している。買物弱者は、過疎地に限らず都市部などでも顕在化しつつある。買物弱者、フードデザートにどのように対処しているかということで農林水産省食料産業局食品流通課が「食料品アクセス問題」に関する全国市町村アンケート調査を実施し、二〇一八年三月にその結果を発表した。

この調査結果によると、回答市町村のうち九六四（八二・〇％）が市町村として何らかの対策が必要であり、対策を必要とする背景として、「住民の高齢化」、「地元小売業の廃業」、「中心市街地の衰退」を挙げている。そして、対策の内容として、「コミュニティバス・乗合タクシーの運行等への支援」が最も多く、「移動販売車の導入・運営に対する支援」が増加している。対策を実施・検討ができていない市町村の理由として、「どのような対策を実施すべきかわからない」、「財政上の問題からできない」が一定数存在している。ここで注意すべきは、回答から市町村に長期間の財政上の補助を期待できないということである。また、対策を必要とする市町村のうち、民間事業者が参入している市町村は六五・四％で、近年増加傾向にある。「宅配、御用聞き・買物代行サービスなど」への参入が六七・九％と最も多いが、「移動販売車の導入・運営」のみ増加傾向で、他は全体的にやや減少傾向にある。理由は、はっきり回答されていないが、移動販売車の導入・運営は、本稿で取り上げる軽トラックの移動販売車「とくし丸」の成功に通じるものがあるといえる。

三　軽トラックによる移動スーパー「とくし丸」について

先に見てきたように高齢化の進展と飲食料品小売業店数の減少は、人口減少や少子高齢化等を背景とした流通機能や交通網の弱体化等の多様な理由により、日常の買物機会が十分に提供されない状況に置かれている人々を生んでいる。[7]

飲食料品小売業の店舗数は、二〇〇四年には約四四・四万店あったものが、二〇一四年には、約三〇%減の三〇・八万店まで減少している。店舗数の減少は、大規模小売店舗法が廃止[8]された二〇〇〇年以降その傾向は顕著である。

社会問題となっている買物弱者について先に見てきたように国や地方自治体はその救済策に取り組んでおり、先に紹介した二〇一八年三月の農林水産省の「食品アクセス問題」に関するアンケートのように、さまざまな支援事業が地方自治体により実施されている。ここでは、補助金等を受けずに事業を展開している、軽トラックに生鮮食品や日用雑貨を約三〇〇品目、計千点を積み込んで一軒一軒の庭先まで訪問して販売をする移動スーパー「とくし丸」について報告する。

(1) 設立経緯

「とくし丸」の創業者、住友達也[9]の八〇歳すぎの母親は、徳島市から二〇キロくらい離れた住友の実家に一人で暮らしている。近くのスーパーマーケットまでは二キロほどあり、買物に不自由をしていた。近所には、免許を持っていない高齢者が多く、一人暮らしの年寄りも何人かいた。住友が帰宅した折に、母親と近所の一人暮らしの方をスーパーマーケットに連れて行

移動スーパー「とくし丸」の陳列と品揃え

（出典）とくし丸ホームページ。http://www.tokushimaru.jp/about2/ より。

ったら、あまりにも沢山買い物をするので理由を聞くと、「買える時に買っておかないと、次はいつ買えるか分からないから」という返事が返ってきた。住友は、高齢者の日々の買物がこのような状況になっていることを知って驚いた。住友が調べてみるとこのようなことは、都市部でも起きていることが分かった。体が不自由でなくとも車に乗れないということは、買物ができない状態であり、暮らしを維持するのが大変な、いわゆる多くの買物弱者を生んでいることが分かった。

　住友は、需要があることはビジネスチャンスがあることであり、団塊の世代が年をとるなか今後、買物弱者は増加すると考えた。買物弱者の中でも、移動スーパーが公園に停まって家からそこまで歩いて買いに行ける高齢者は、住友が考える買物弱者ではなく、家から三〇〇メートルも歩けない人がとくし丸が対象とすべき買物弱者だと考えた。

ネットスーパーや宅配での買い物は、機能や便利さを買うものだが、買物の本来の楽しみは、実際に商品を見て、選んで、買うというところにある。「アマゾン」にグローバル、ICT、デジタルという言葉を当てるとしたら、「とくし丸」は、その対極にある超ローカル、超アナログで、そしてヒューマンなビジネスと言える。[10] 住友は、買物弱者の庭先まで軽トラックで訪問して店を開くという超人間的なスタイルを選択した。

株式会社とくし丸は、二〇一二年一月一一日に設立された。資本金は、一千万円。移動する「店舗」であるので、商品力にプラスして見せ方、演出、売り方の「プロデュース力」を重要視した。移動スーパーの到着と販売中を知らせるのに使用するとくし丸のオリジナル・ソングを作ることを決めた。テーマ曲は、お年寄りにも馴染み易く、子供でもすぐ覚えられる軽快で楽しいものを作曲家[11]にお願いして作った。

「とくし丸」の歌の歌詞は次のようものである。横浜商科大学の近くを食品スーパー「文化堂[12]」の馬場店が運営するとくし丸もこの歌を流している。テーマ曲には移動スーパーの品揃え、コンセプトが分かり易く表現されている。住友は、とくし丸のテーマ曲の定着を通して音楽のチカラのすごさを感じている。

1. とく　とく　とーく　とくし丸♪
野菜に　お肉　お味噌に　雑貨　笑顔もいかが～？
移動スーパーとくし丸

2. とく　とく　とーく　とくし丸♪
かあさん　おばあちゃん　こどもに　わんわん　みんな集まる
仲間が寄ってくる　とくし丸

3. とく　とく　とーく　とくし丸♪
できたて　おいしい　お得な　スーパー　今日もあなたと
とくしまエライヤッチャ　とくし丸

また、移動スーパーで使用する販売車のデザイン(13)にも住友は力を入れている。事業に対する住友の考え方は、「社会貢献ではなく、ビジネスとして取り組まなければ買物難民を救うことは継続できない」というところにある。つまり、補助金を受けず、自力で利益を出さなければ長期間ビジネスを継続できないし、利益を上げられない事業はビジネスでは無いと考えている。そして、成長＝垂直方向ではなく、広がり＝水平方向というイメージでこのビジネスに取り組んでいる。

このビジネスでは、とくし丸本部、販売パートナー（軽トラックの販売事業者）、地域スーパーの三者が役割分担をしている。①とくし丸本部は、新しいビジネスモデルの創出と成長を担う、独自ブランド作りをする、全国展開を行う、②販売パートナーは、低予算で個人事業を開業できる、「ありがとう」と言われるストレスの少ない小売販売の仕事をする、軽トラック（営業車）を購入、商品管理リスクを負う、③地域スーパーは、販売パートナーの母店舗として商品供給を行う、店舗に来られなくなったお客様に対して待ちの商売から攻めの営業を行う、低いイニシャルコスト、返品ロスの受け入れという役割がある。

この仕組みは、フランチャイズ・ビジネスであるが、住友は、フランチャイズとは違うと断言する。フランチャイズは、本部が利益を吸い上げるイメージが強く、そこに参加する人たち（フランチャイジー、納入業者等）を「生かさず殺さず」ギリギリまで追い込んで利益を持っていくのがフランチャイズ・ビジネスだと住友は理解している。本来は、異なるかもしれないが住友が外から見ていると、フランチャイズ・ビジネスは、どうしてもそんなふうに映ってしまうそうだ。住友が志向するのは、そこに参加する人たちで「利益をシェアする」というやり方だ。とくし丸本部が大儲けするのではなく、それぞれの役割分だけ利益をシェアする。そんな仕組みを目指している。[14]

とくし丸は、玄関先まで軽トラックで週二回出向き、会話をし、買物をしていただくわけである。軽トラックであるが、冷蔵庫付きの専用車なので、生鮮食品も積み込むことができる。アイテム数は三〇〇品目以上になる。販売パートナー（軽トラックの販売者）は、週二回顔をお客と合わせるので高齢者の見守りをすることになる。自治体と「見守り協定」を結んでいる。見守りに関して、住友の経験した初期の事例として次のようなことがあったそうである。あるお客さんに午前中伺って留守だったので、午後に再度訪問したら、また留守のようなので不在カードを郵便受けに投入したら、数日分の新聞が溜まっていることに気付いた。即座にその場から地域の民生委員の方に連絡を取り、状況を報告して息子さんと連絡をとってもらった。その後、次のお客さんを訪問した。数十分後に民生委員の方から「おばあちゃんが亡くなっていました」という連絡が入った。最初の不在の時に気がつけば、という気持ちはあったが、週に二度、直接顔を合わせ、会話をし、健康状態まで知りえるとくし丸にはできることが沢山あることを実感した、と住友は話してくれた。とくし丸は、お年寄りの状況を離れている子供以上に知りえる立場にあるのだ。

需要予測については、「足」で各家庭を回って必要性を把握するのに時間をかけている。徳島のある対象地域を市場調査すると約七五〇〇世帯で、四〇〇軒が買物弱者としてとくし丸の対象顧客であることが分かった。全世帯のほぼ五％の方々である。徳島県下二五万世帯×〇・〇五＝一万二五〇〇世帯に需要があると判断してスタートした。

次に販売パートナー（事業主として軽トラックを購入して販売をする独立事業者）を募集した。住友は、販売パートナーとして販売額が伸びてお客様のおばあちゃん（九五％のお客はおばあちゃん、おじいちゃんではない）から支持されるのは気の利く素敵な男性だそうである。できればその地域出身の人が受け入れてもらい易いという。「食品衛生責任者養成講習」を受けて、「修了証明書」と「衛生責任者手帳」を受領する必要がある。

品揃え数の限られている軽トラックの移動スーパーにとっては特に品揃えの考え方が重要になる。住友は、とくし丸の基準で商品を搭載し、お客さんに勧める、いわば「セレクトショップ」的機能を果たせば良いという考え方で品揃えをすることにした。品揃えは「数より質」であり、大型店が必ずしも強い時代ではないことを理解しての対応であり、軽トラックで、大型店に勝てる商品とサービスを提供するという考えである。乗せていなかった商品は、「三日後、次来る時に持ってきます」という「御用聞きサービス」を武器にすることにした。

とくし丸は、テーマ曲にあるように「商品を届ける」だけでなく、「買物の楽しさ」、「世間話し」も届けることにしている。とくし丸を媒介として途絶えていた近所同士の会話が、そして小さなコミュニティが少しずつ再生されている。

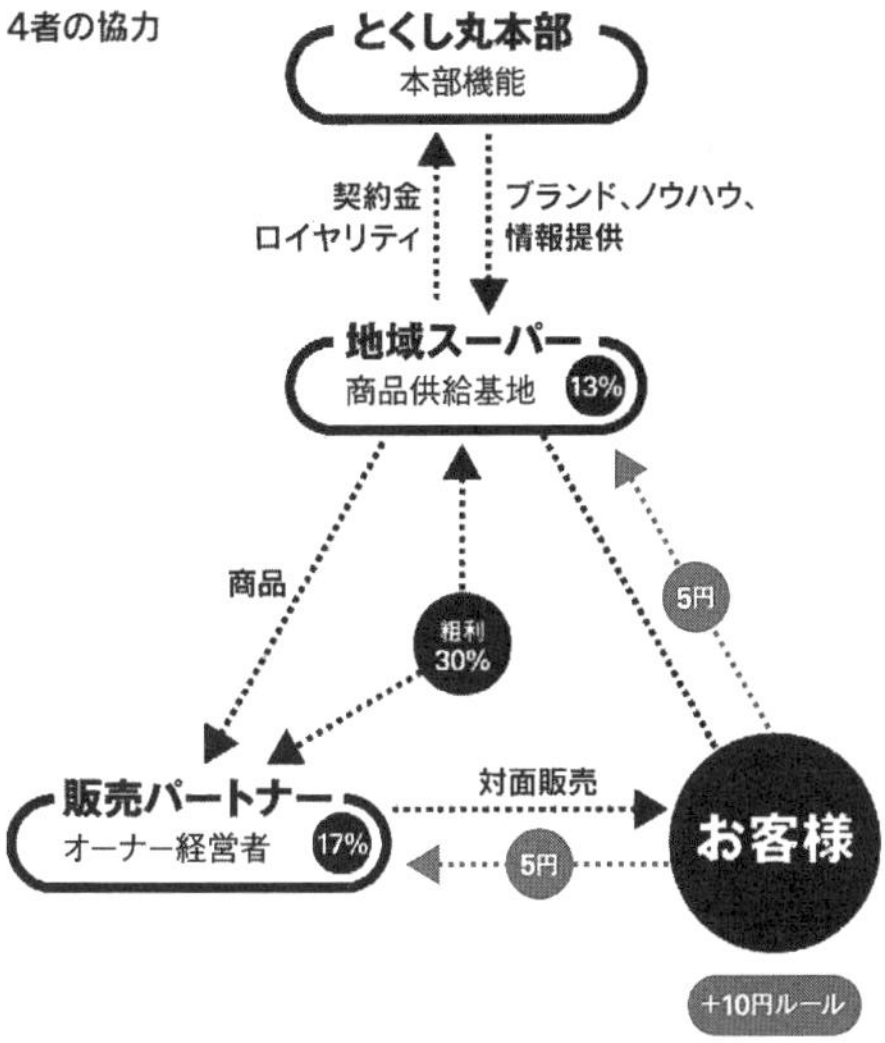

図1　とくしまる運営に関わる四者の関係図

（出典）とくし丸ホームページ。www.tokushimaru.jp/oubo/ より。

(2)　事業の基本的仕組み

とくし丸の運営に関わるプレイヤーは、図1のように四者である。

本部機能を担う「とくし丸」本部は、新たに契約を結んだ地域スーパーに対して、開業までに準備することを指導する。最も重要な市場調査の方法と需要の開拓、自治体との見守り協定の締結、チラシの作成、プレスリリースなどについて指導をする。そして、徳島で四泊五日の販売研修を行い、稼働している車両の助手席に乗って販売研修を受けるとともに、需要調査の実地体験研修を行う。その後、とくし丸本部スタッフが新たに契約したスーパーマーケットを訪問して、現場で市場調査を具体的に指導する。研修を受けるのは商品供給基地となる契約をした地域スーパーである。契約先の地域スーパーが、そのスーパーに複数いる独立事業者の販売パートナーを指導することになる。従って、契約した地域スーパーのとくし丸担当者は、完全にとくし丸のビジネスをマスターしない限り販売パートナーに指導ができない。

地域スーパーは、とくし丸本部に車両一台を導入するごとに契約金として五〇万円を支払う。ロイヤリティは、車両一台につき月額三万円である。とくし丸本部は、さきに述べたようにブランドとノウハウの提供であり、蓄積した情報の提供である。

地域スーパーは、販売パートナーに対して商品の供給を行う。販売パートナーは、当日販売するルート(訪問客)に合わせて商品を店舗でピックアップする。惣菜も積み込むので店舗で惣菜の出来上がる時間に合わせて出発することになる。スーパーは、販売額の一七%を手数料として販売パートナーに支払う。粗利益率を三〇%として、残りの一三%は、スーパーの利益となる。ただし、スーパーは、生鮮食品の返品を受けて、それを店舗で販売することになるので、売れなかった返品商品のロスを含んだ一三%ということである。販売パートナーは、午後五時には母店のスーパーに戻って生鮮食品などを返品することになる。

お客は、どのような商品に対しても一品あたり一〇円を上乗せして支払う。軒先まで来ることに対して納得して「プラス一〇円ルール」を受け入れている。この一〇円は、五円を販売パートナーが取り、五円を地域スーパーが取る。住友が言うには、販売パートナーにとりほぼ毎月三万円程度になるのでガソリン代に充当するそうである。

販売パートナーは、個人事業主として車両を購入して、食品の取り扱いに必要な資格や許可を取得する。車両代金を含めて開業資金として約三五〇万円程度が必要となる。毎月の経費は、ガソリン代と車両の保険や償却費であり、収入から経費を差し引いたものが販売パートナーの収入になる。

(3) 今後の拡大市場

とくし丸本部は、二〇一七年三月時点において三八都道府県で六六社のスーパーマーケットと契約をしている。合計二一五台が稼働している。住友は、一括りに「買物難民」と言っても、その「困窮度」にはかなりの差があるとしている。それを数値化することで「買物難民度」がわかり対応ができるだろうという仮説を立てている。とくし丸の最終目標は、高齢者の要望に何でも応える「おばあちゃんのコンシェルジェ」を目指しているので、各自の必要性を把握するのに、住友は、次のような項目が「買物難民度」に影響を与えていると考えている。

① スーパーからの距離

②　健康状態

③　自動車、バイク、自転車等の利用状況

④　経済状況

⑤　サポートしてくれる人の環境

⑥　公共交通機関の便利度

⑦　買物への関心度

とくし丸のお客さんに一旦はなってくれても、数週間で離れていく人、買ってはくれるが単価の低いままの人、回数を追うごとに頼りにしてくれる人とどんどん分類されていく。それは、まさにこれらの項目が複雑に影響をしているからなのだと言う。このような買物難民度がアンケート、あるいはヒアリングで確認できれば事業に役立つので今後の真剣な課題であるとしている。[15]

とくし丸は、衣料品の販売を「とくし丸プラス」というブランドで二カ月一回程度専用の車両で販売し、ディケアーに出かける服の販売などに対応している。眼鏡が壊れることも多く眼鏡の修繕や買い替えが必要になる時や補聴器の販売に備えて眼鏡の株式会社三城と提携することで対応することを進めている。

販売パートトナー間の情報の共有をしている。販売パートトナーは、レポートを毎日提携先のスーパー経由で本部に送ることが義務付けられている。本部がそのレポートを取りまとめて販売パートナーを含む関係者に配布して情報を共有している。それにより、成功、失敗の事例がより広く共有することになりさらに細かく対応ができていく。軽トラックの車両についても事故などの経験や故障に対応して改造をしている。すでに一〇回ほどの改良がなされている。

高齢者のマーケティングをするチャネルは、少ないので大手の飲食料メーカーが試食、試飲にとくし丸を使用する事例が増えてきている。アンケートの回答率が高いのでますます重要なマーケティングチャネルになると考えられる。

おわりに

メリットは、はっきりしたが、問題点を以下のように整理した。

とくし丸は、今後都心で運営するはずであり、筆者は、とくし丸の将来を見る為に大田区での運営を朝から密着して経験をした。いくつかの問題点があることを実感した。まず、需要の把握である。どのようにして顧客を開拓するかである。一戸建ての多い徳島市のような地方都市では庭の樹木の手入れの状態や駐車場の管理状態で住民の居住、住民の状況などをある程度予測できるが、都心に多い集合住宅においては、集合住宅の中に入ることも難しく需要の開拓が課題である。また、地方では庭に軽トラを停めることができるが、都心には販売時に使う駐車場のスペースが少なく交通の妨げになることに対しても解決が迫られる。とくし丸を導入するスーパーについても鮮魚、肉などに現在は多くの店でテナントが入っているので、販売パートナーが持ち帰った商品のロスを吸収することができず、とくし丸を導入することができないこともネックである。このような課題を乗り切りながらとくし丸が買物弱者を支える重要な手段となるはずである。

参考文献
株式会社文化堂HP https://www.bunkado.com/（二〇一八年一一月二日）
経済産業HP「買物弱者対策支援について」http://www.meti.go.jp/policy/economy/distribution/kaimonojakusyashien.html（二〇一八年一一月二日）
杉田聡『買物難民――もうひとつの高齢者問題』（二〇〇八）大月書店
住友達也『移動スーパーとくし丸のキセキ』（二〇一八）西日本出版社
商業界『食品商業二〇一七年一一月号』「買物困難者を救うとくし丸の可能性」
総務省『高齢社会白書』（二〇一八）
西村修三監修『地域包括ケアシステム』（二〇一三）慶応義塾大学出版会
水口美穂『ねてもさめてもとくし丸――移動スーパーここにあり』（二〇一七）西日本出版
株式会社とくし丸HP http://www.tokushimaru.jp/（二〇一八年一〇月三一日）

注
（1）「買物弱者」は、経済産業省が二〇一〇年に定義した。「フードデザート」は、基本的に都市的な問題（イギリス政府の用語)で貧困層の健康問題を社会問題化した言葉である。「買物難民」という言葉は、買物難民層と杉田聡が著書『買物難民』(二〇〇八)大月書店、で使用して一般化したとされている。「食料品アクセス問題」は、農林水産省が主に使っているが、これらを幅広く包摂するものとされると農林水産政策研究所、薬師寺哲郎の報告書(二〇一四年一〇月二一日)は、述べている。

(2) 国連の世界保健機関(WHO)は、六五歳以上を高齢者と定義している。日本においては「高齢者の医療の確保に関する法律等」では、六五歳~七四歳を前期高齢者、七五歳以上を後期高齢者と定義している。道路交通法では高齢運転者を七〇歳以上と定義しているが、本稿では六五歳以上を高齢者と定義する。

(3) 平塚市の人口は、二五万八〇〇〇人(平成三〇年一〇月一日現在)。

(4) 国立社会保障・人口問題研究所の推計。

(5) Ageing in Placeとして、一九九〇年代から世界の多くの国々で注目されている。日本においても施設や病院に入居、入院して老後の大部分を過ごすのではなく、住み慣れた地域で老いていくほうが幸せだというニュアンスである。西村修三監修『地域包括ケアシステム』(二〇一三)慶応義塾大学出版会から抜粋。

(6) 『高齢社会白書』平成三〇年版によれば、二〇一五年の六五歳以上の人口に占める単身世帯の割合は、女性二一・一%、男性一三・三%である。一九八〇年においては、同比女性一一・二%、男性四・三%と大きく増加しているのがわかる。

(7) 経済産業省HP「買物弱者対策支援について」二〇一八年一一月二日現在。http://www.meti.go.jp/policy/economy/distribution/kaimonojakusyashien.html

(8) 略称「大店法」(大規模小売店舗における小売業の事業活動の調整に関する法律、一九七三年一〇月一日施行)は、大規模小売店舗の商業活動の調整を行なう仕組みを定めていた。二〇〇〇年(平成一二年)六月一日廃止された。一九六五年頃から各地で「スーパーマーケット」を初めとした大型商業店舗の出店が急増し、地元商店街による大型商業施設の進出反対運動が盛んになった。こうした問題を踏まえ、一九七三年一〇月一日に「旧百貨店法」の対象を拡大する形で「大店法」が制定され、一九七四年三月一日より施行された。大店法廃止後、店舗面積、営業日数などの経済的規制から、生活環境への影響など社会的規制の側面から大型店出店の新たな調整の仕組みを定めた「大規模小売店舗立地法」(大店立地法)が二〇〇〇年より施行された。ゾーニング(土地の利用規制)を促進するための「改正都市計画法」、中心市街地の空洞化を食い止め活性化活動を支援する「中心市街地の活性化に関する法律」(中心市街地活性化法)の三つの法律を総称して「まちづくり三法」と称している。改正都市計画法と中心市街地活性化法は一九九八年に施行された。

(9) 住友達也(すみともたつや)株式会社とくし丸社長、一九五七年徳島県阿波市土成町出身、一九七八年国立阿南高専機械工学科卒業、渡米後、徳島でタウン誌「あわわ」を創刊、一九九八年「第十堰住民投票の会」に代表世話人の一人として参加、二〇一二年移動スーパー「株式会社とくし丸」設立、二〇一六年オイシックス株式会社と提携。現在、株式の九〇%は、オイシックス株式会社が所有している。一〇%は、引き続き徳島のスーパーマーケット株式会社キョウエイが所有している。

(10) 著者は、二〇一七年二月六日~七日に徳島を訪問し、住友にとくし丸の販売を見せていただいた時の話をまとめている。また、住友達也著『とくし丸のキセキ』(二〇一八)西日本出版社を参考にしている。

(11) 音楽制作は、ココナッツ・スタジオ・柳町春雨が行った。

(12) 株式会社文化堂、本社・東京都品川区二葉、創業・昭和二八年、創業者・後藤せき子、従業員・八〇〇名、年商・二〇〇億円(二〇一六年)、馬場店・横浜市鶴見区馬場。

(13) 販売車のデザインを含めて、グラフィック・デザインは、如月舎・藤本孝明が行った。

(14) 住友(二〇一八)前掲書、一五ページ。

(15) 住友(二〇一八)前掲書、一一二ページ。

超高齢社会における経済・財政の課題

――持続可能な社会保障制度の再構築のための国・地方公共団体の取り組み――

佐藤浩之

はじめに

我が国において少子・高齢化の進行にともなう様々な影響が社会・経済・財政等の分野で解決すべき最重要課題の一つとして認識され、積極的に議論が行われるようになってからすでに四半世紀以上が経過している。特に高齢化の進行は顕著であり、総務省の統計によれば、二〇一七年九月現在総人口に占める六五歳以上人口（高齢化率）は二七・七％で、さらに少子化、長寿化の影響が強まるとされる二〇五〇年には高齢化率は四〇％を越えると推計されている。

その一方で現在進行形であるこの問題に対して、政府も様々な対策を検討・実行してはいるものの必ずしも効果的な政策の実現には至っていないのが現状である。特に長期的視点から見たとき、経済構造の変化にともなう低成長時代の到来、長きにわたる景気低迷とその対策の結果としての厳しい財政制約が続くなかで、持続可能な社会保障制度への再構築は長年の懸案事項となっている。

そこで本稿では、まず第一章で現在の日本の厳しい財政状況および急速な高齢化の進展の状況についていくつかのデータを用いて示す。次に第二章で日本の社会保障の現状および現行社会保障制度が抱える問題点を整理する。その上で、第三章において現在進行形で行われている社会保障制度改革について医療・介護部門を中心に論じながら今後期待される持続可能な社会保障制度の姿と各主体の果たすべき役割について考えていきたい。

一　日本の財政・高齢化の現状

まず日本の財政の現況について整理する。「はじめに」でも述べたように、日本の財政状況は年々厳しさを増している。図1では、いわゆるバブル期以降の一般歳出と租税収入の推移について示しているが、年々歳出と租税収入の差は広がる一方である。

この結果は歳入面で景気の長期低迷による税収の自然減、所得税、法人税の制度改正等の理由による減少傾向がある一方で、歳出面では政策的経費のなかで最もウエイトの高い[1]社会保障

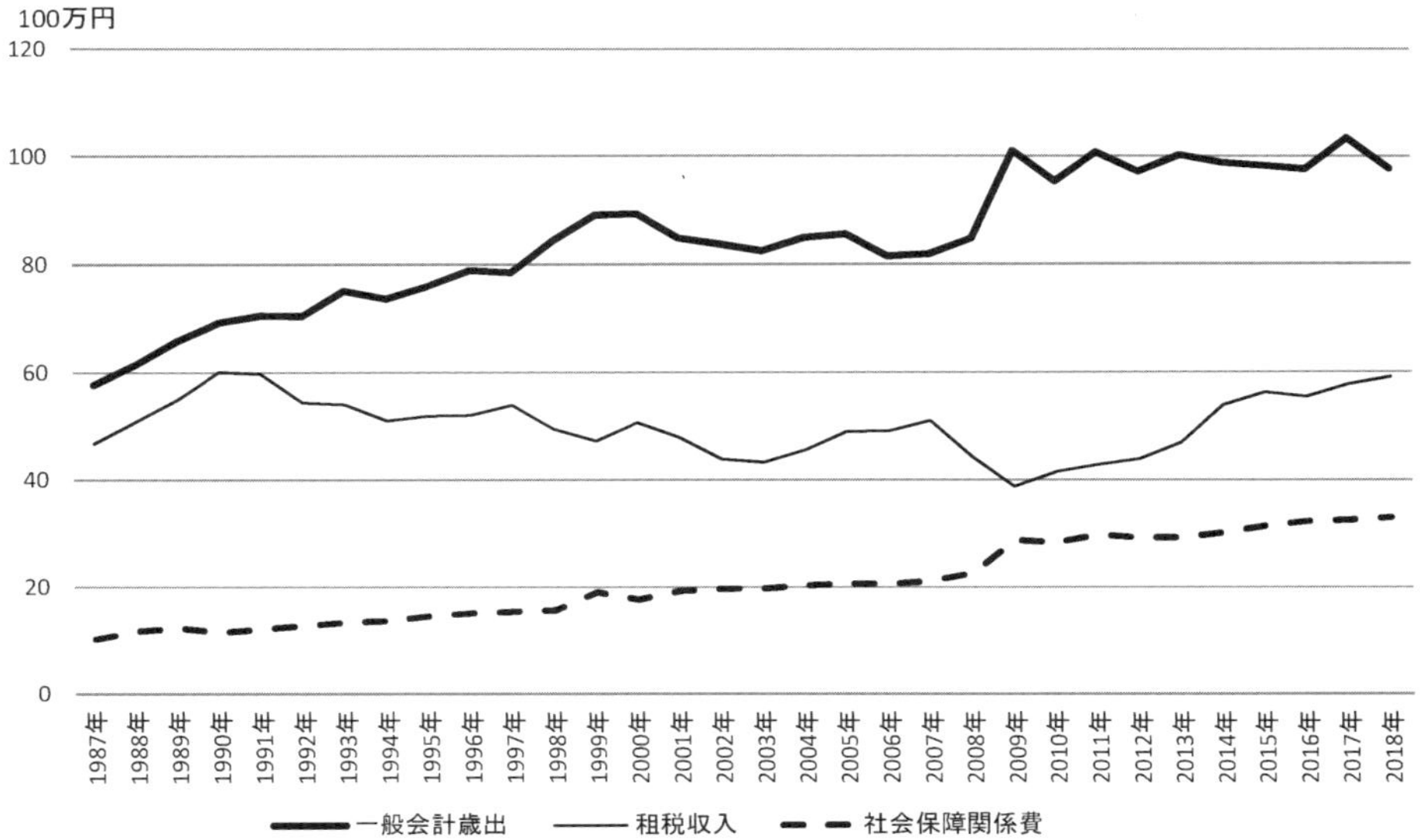

（注）2016度までは決算額、2017年度は補正後予算額、2018年度は当初予算額。
（出所）財政統計(https://www.mof.go.jp/budget/reference/statistics/data.htm)より筆者作成。

図 1　一般会計における歳出および租税収入の推移

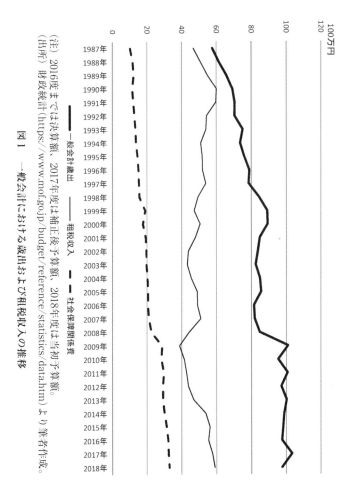

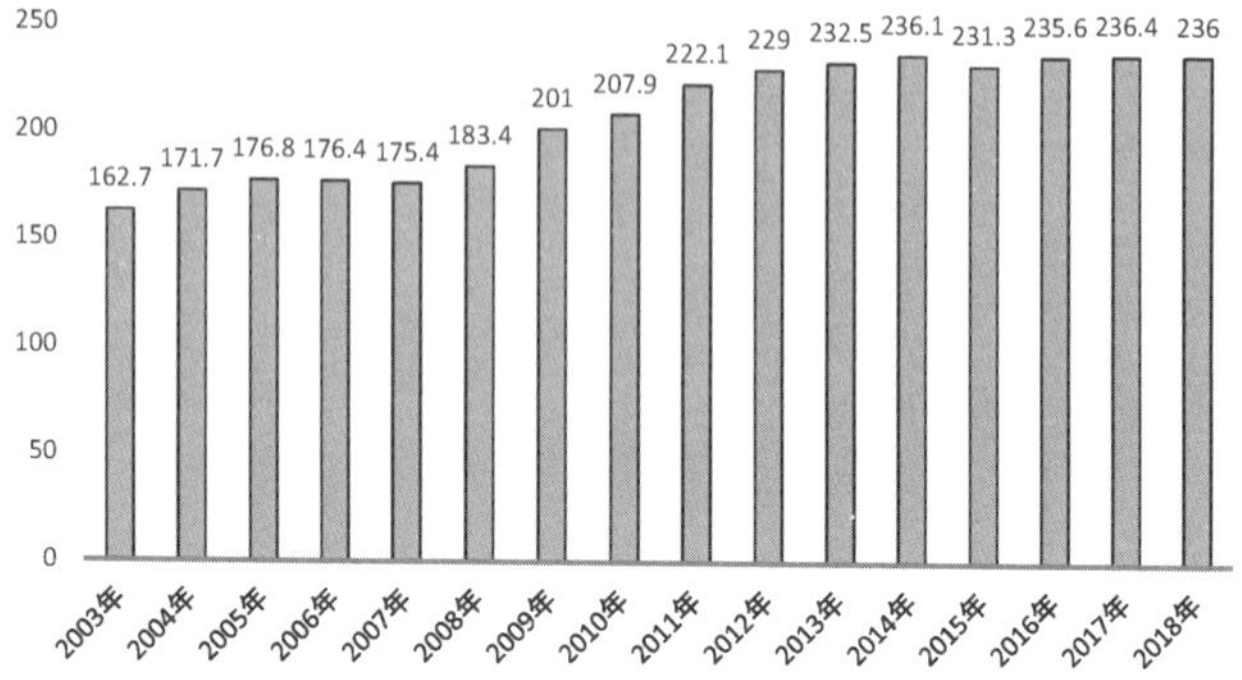

（出所）IMF "World Economic Outlook Database"（2018年 4 月）（https://www.imf.org/external/pubs/ft/weo/2018/01/weodata/index.aspx）より筆者作成。

図２　債務残高対 GDP 比

関係費の高齢化の急激な進行にともなう増加が歳出全体を押し上げていることから、年々プライマリーバランスの赤字幅を拡大させていることを反映している。

さらに上記税収の減少、社会保障費の増加はその差を埋めるため、特例国債（赤字国債）の発行を増加させることとなった。結果として債務残高対ＧＤＰ比は過去一五年で約一・五倍に上昇している（図２）。

財政赤字の累積は、現在の財政政策の自由度を奪うだけでなく、国としての財政への信頼性を失わせ、さらには将来世代への借金の付け回しという形での世代間格差を拡大させる、という形で現状のままでは今後財政状況がより厳しいものとなることは容易に予想できる(2)。

一方我が国の高齢化の状況であるが、特に時系列で見ると高齢化率は増加傾向にあり、平成二九年九月時点での高齢化率は世界トップの二七・七％、団塊の世代がすべて七五歳以上となる二〇二五年には高齢化率が三〇％と推定される（図3）。この高齢化率二七・七％は世界トップの値で、[3]世界基準では最上位の「超高齢社会」と分類される。[4]このような高齢化の急激な進展は結果として前述の社会保障関係費の急増の主因となり、それはそのまま日本の財政状況悪化の一番の要因と考えられる。さらにその後も高齢化の進展は止まらず二〇五五年には高齢化率が三八％になるとの推計結果が示されており、さらに財政制約が厳しくなることが強く懸念される。

このような高齢化の急激な進展は一般に経済成長にも負の影響を与えると考えられている。表1からは、一五歳〜六四歳の労働力人口とともに〇歳〜一四歳人口も年々減少していることが読み取れるが、このことから現在のみならず将来の労働力人口の減少についても懸念される。この働き手の継続的な減少傾向は潜在的な生産性の低下、将来的な社会保険料負担の増加を各経済主体に予想させることとなる。マクロ経済全体でみると、家計については社会保障制度の破綻への懸念から生じる老後の生活に関わる不安、将来への不確実性により、現在の消費を抑制する行動に向かわせる一方で、企業も不確実性の増加によって設備投資、さらには雇用の抑制行動に出るなど、景気への負のスパイラルに陥る可能性が強くなることが予想される。また、厳しい財政制約が景気対策等に対する柔軟な財政出動への妨げになるとも考えられ、経済への

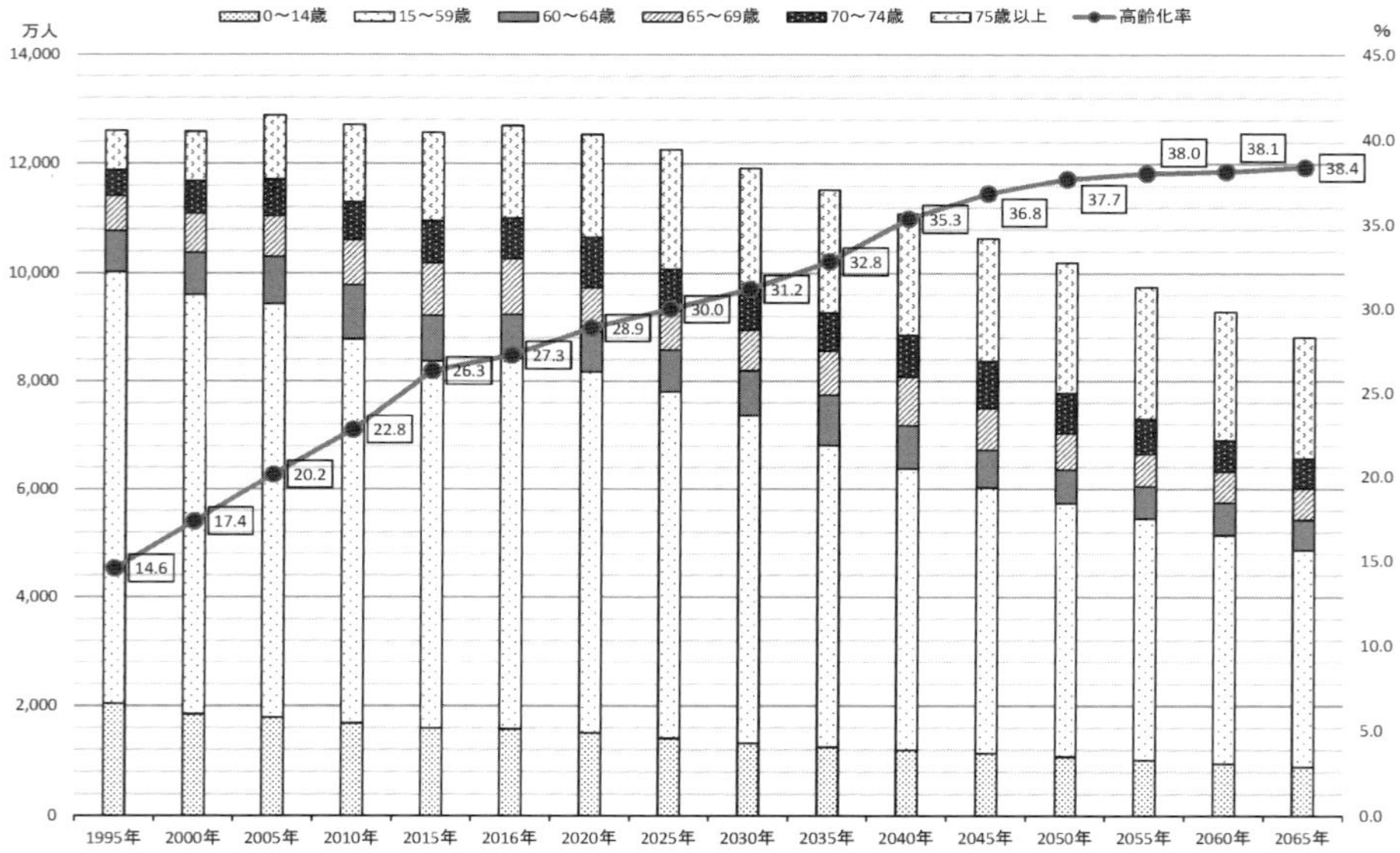
0～14歳
15～59歳
60～64歳
65～69歳
70～74歳
75歳以上
高齢化率
万人
14,000
12,000
10,000
8,000
6,000
4,000
2,000
0
%
45.0
40.0
35.0
30.0
25.0
20.0
15.0
10.0
5.0
0.0
14.6
17.4
20.2
22.8
26.3
27.3
28.9
30.0
31.2
32.8
35.3
36.8
37.7
38.0
38.1
38.4
1995年
2000年
2005年
2010年
2015年
2016年
2020年
2025年
2030年
2035年
2040年
2045年
2050年
2055年
2060年
2065年

図３　高齢化の推移(1)

表1　高齢化の推移(2)

年 総人口(万人)	平成22(2010)	27(2015)	28(2016)	32(2020)	37(2025)	42(2030)	47(2035)	52(2040)	57(2045)	62(2050)	67(2055)	72(2060)	77(2065)
総　数	12,806	12,710	12,693	12,532	12,254	11,913	11,522	11,092	10,642	10,192	9,744	9,284	8,808
0～14歳	1,680	1,589	1,578	1,507	1,407	1,321	1,246	1,194	1,138	1,077	1,012	951	898
15～59歳	7,099	6,783	6,840	6,664	6,398	6,039	5,559	5,180	4,883	4,654	4,439	4,196	3,970
60～64歳	1,004	846	816	742	772	836	936	798	701	621	589	597	560
65～69歳	821	964	1,028	824	716	747	811	907	775	682	604	573	582
70～74歳	696	770	741	923	781	681	711	774	868	742	654	580	551
75歳以上	1,407	1,613	1,691	1,872	2,180	2,288	2,260	2,239	2,277	2,417	2,446	2,387	2,248

(注) 2010年と2015年は総務省「国勢調査」、2016年は総務省「人口推計」、2020年以降は国立社会保障・人口問題研究所「日本の将来推計人口(平成29年推計)」の出生中位・死亡中位仮定による推計結果。
(出所) 平成30年版高齢社会白書(http://www8.cao.go.jp/kourei/whitepaper/w-2017/html/zenbun/s1_1_1.html)および総務省「人口推計」(http://www.stat.go.jp/data/jinsui/2.html#series)データより筆者作成。

影響が長期化する可能性も否定できない。

上記の議論から、本章で述べた高齢化にともなう財政状況の悪化は、単に短期的な日本の経済・財政への影響だけでなく、長期的視点から次世代の日本経済への足かせとなりうるということを考えておかなければならない。したがって、供給サイドの改革を通じた潜在的生産性、経済成長率の上昇と同時に、足元の財政の健全化、特に今後さらなる高齢化の進展によって最も歳出の増加が予想される社会保障分野において、その制度の持続可能性を高めるための取り組みについては、財政の持続可能性、持続的な経済成長を考えるためにも必要不可欠な論点となる。

二　社会保障制度の現状と課題

日本の社会保障制度は①公的扶助、②社会福祉、③社会保険、④公衆衛生の四部門で構成されている。特に高齢化の進展と関連して近年の社会保障制度改革の中心的な論点となる医療、介護、年金は③の社会保険に分類される。

社会保険は、収入の減少、病気や、介護を受ける可能性など、加齢等によって生ずる生活に関わる様々なリスクを、法律的に加入が義務付けられている国民、および勤務先の事業者から拠出された保険料と、国、地方公共団体の負担金を財源としてプールし、それぞれにリスクが生じたときに必要な資金やサービスが給付されることで成り立っている[5]。社会保険による国民全体でのリスクの分散により、社会的リスクに対する自助、共助の仕組みを構築しているという利点がある一方、保険料の未払い、社会的入院、病院のサロン化などのサービスの無駄遣いなどの欠点が指摘される。

社会保険については一九六一年に「国民皆保険・国民皆年金」が実現して以降、現在もその制度が維持されている。戦後日本の社会保障制度の中心となるこの制度が形成された当時と現在の状況とを比較する際には、経済・社会の構造とそれを取り巻く環境が大きく変化していることに注目しなければならない。具体的には、前章で述べた高齢化の進展にともなう財政状況の悪化、また経済環境の変化にともなう企業、特に雇用制度の変容、地域社会・家族による一定のセーフティネット機能の減退[6]などが挙げられる。

なかでも最も懸念されているのは、経済構造の変化にともなう負担の世代間格差の拡大の問題である。現行の制度ができあがった一九六〇年代は高度経済成長の真っ只中であり、かつ現在と比べて高齢化率が低く、保険料を納める現役世代の割合も高かったため、いわゆる「胴上げ型」と言われるように現役世代一〇人弱で一人の高齢者を支える形になっていた。しかし高齢化率が上昇している近年では、少子化も同時に進行していることなども影響して現在では現役世代二~三人で一人の高齢者を支える「騎馬戦型」の状況となっている。さらに高齢化率が三八%弱の二〇五〇年には現役世代一人で一人強の高齢者を支える「肩車型」となり、現役世代の負担がさらに大きくなることが予想される。

そこで以下ではいくつかのデータから社会保障費に関する上記の論点について考えてみたい。図4では社会保険給付額と社会保険料収入の二つのグラフを時系列で比較しているが、その差は拡大傾向にあることがわかる。これはその差の分だけ公費による補填が行われていることを示し、結果として国民負担がさらに増加していることになる。

また、図5では、費用となる社会保険給付額の内訳についてこれも時系列で示しているが、

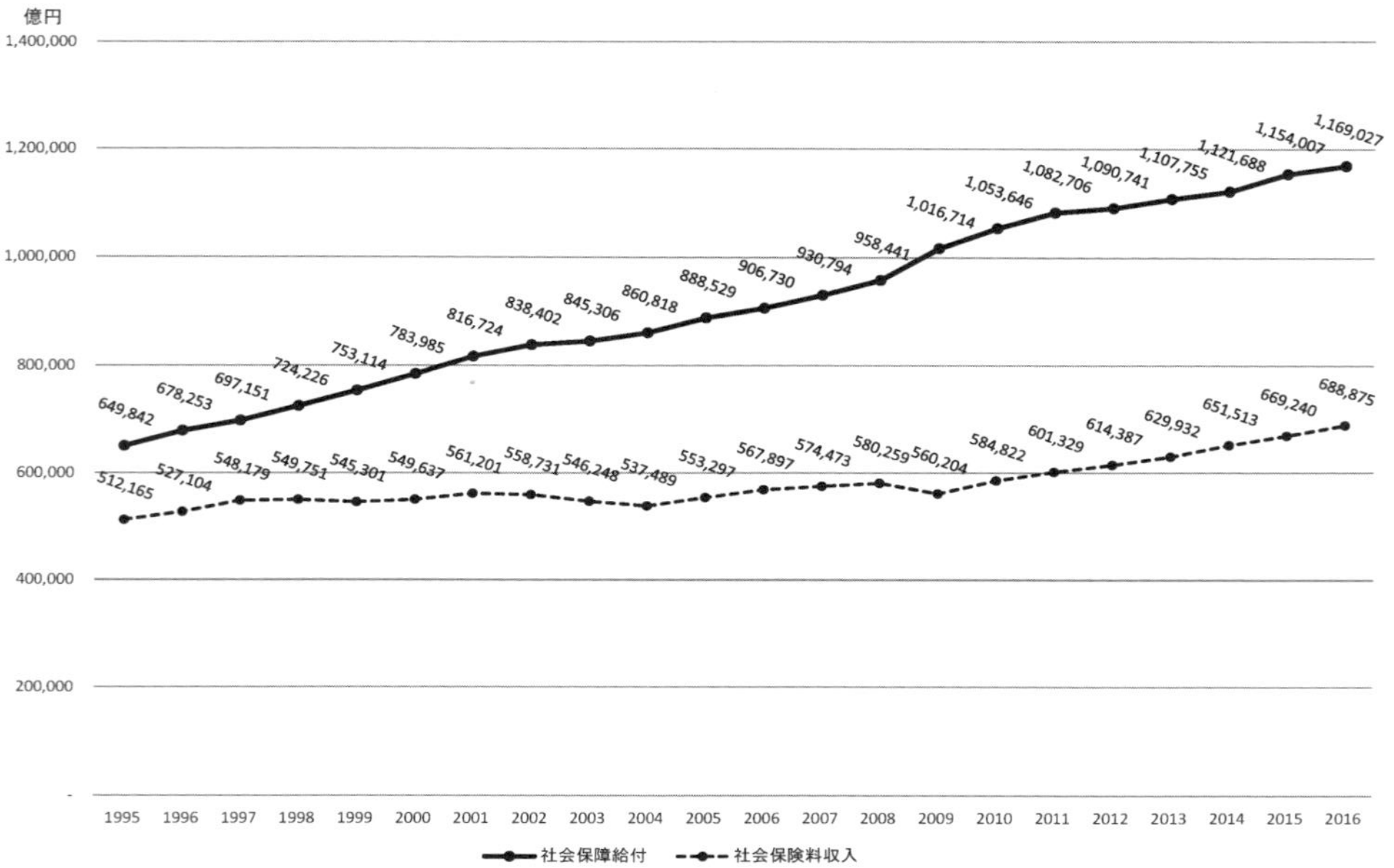

（出所）国立社会保障・人口問題研究所「平成28年度社会保障費用統計」より筆者作成。

図４　社会保障給付と社会保険料収入の推移

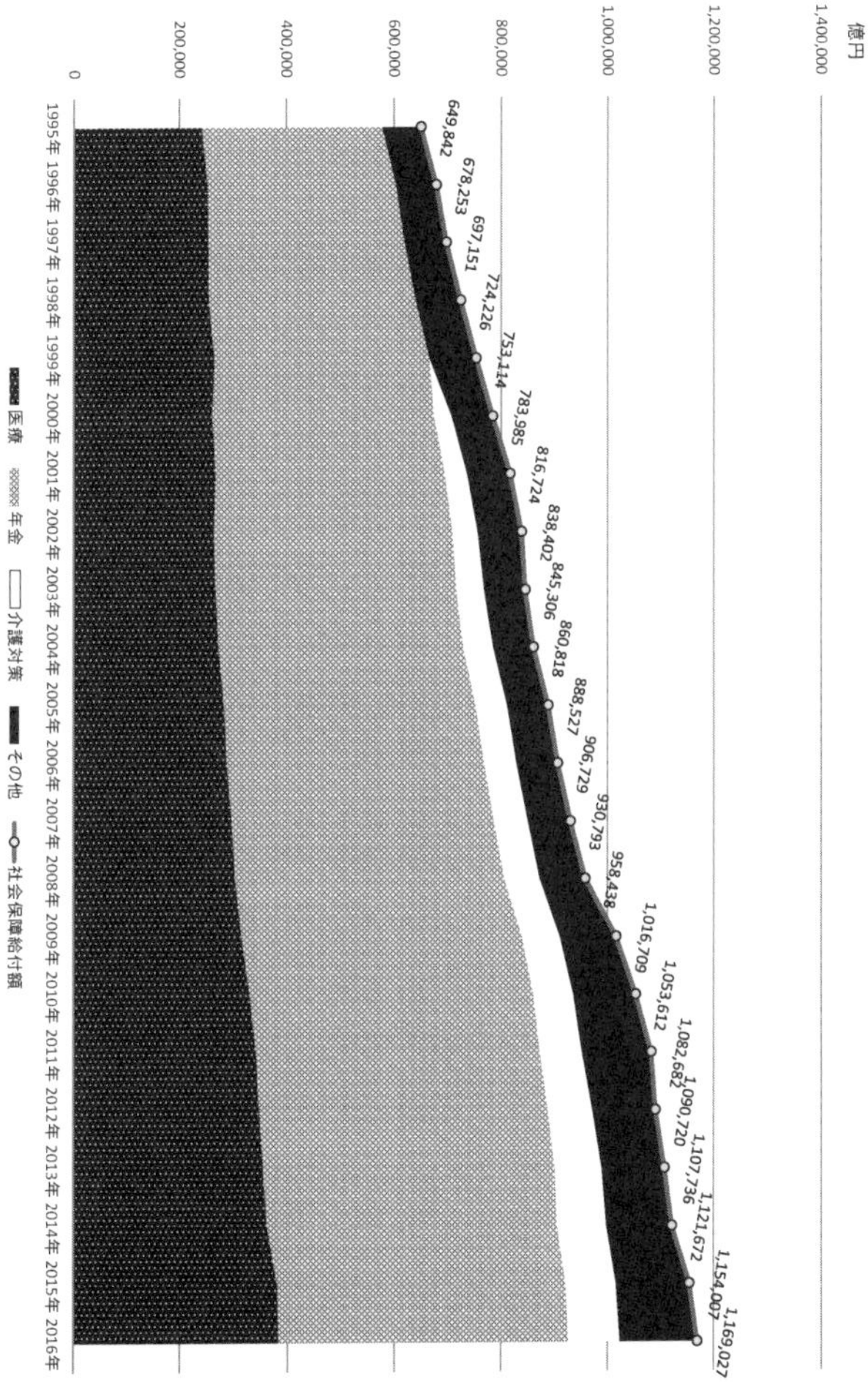

（出所）国立社会保障・人口問題研究所「平成28年度社会保障費用統計」より筆者作成。

図5　社会保険給付額とその内訳

表2　75歳を境に大きく上昇する医療費・介護費

	2016年	2025年	一人あたり医療費（2016年）	一人あたり介護費（2016年）	各年齢人口に占める要介護・要支援者の割合（2016年）
65～74歳人口	1,769万人（全人口に占める割合；13.9%）	1,497万人（全人口に占める割合；12.2%）	55.2万円	5.2万円	4.2%
75歳以上人口	1,691万人（全人口に占める割合；13.3%）	2,180万人（全人口に占める割合；17.8%）	90.9万円	50.5万円	31.4%

（出所）人口は2016年は総務省「人口推計」、2025年は国立社会保障・人口問題研究所「日本の将来推計人口（平成29年推計）」の出生中位・死亡中位仮定による推計結果より、一人あたり医療費、一人あたり介護費については「平成28年度国民医療費の概況」、「介護給付費等実態調査（平成28年度）」と「人口推計」から算出して筆者作成。

医療費、介護費の占めるウエイトが年を追うごとに大きくなっている。(7)

さらに今後大きな問題となりうるのが、七五歳を境に医療、介護費が急激に上昇している点である。表2から二〇一六年のデータで、人口の多い六五～七四歳と比較して人口の少ない七五歳以上で一人あたりの医療費、介護費がともにかなり高くなっていることがわかる。これは加齢による慢性疾患、認知症のリスク等が急激に高くなることが理由の一つとして考えられる。また六五～七四歳と、七五歳以上とでは要介護・要支援者となる割合が八倍弱上昇している点も注目する必要がある。

社会保障費全体としても、二〇一二年

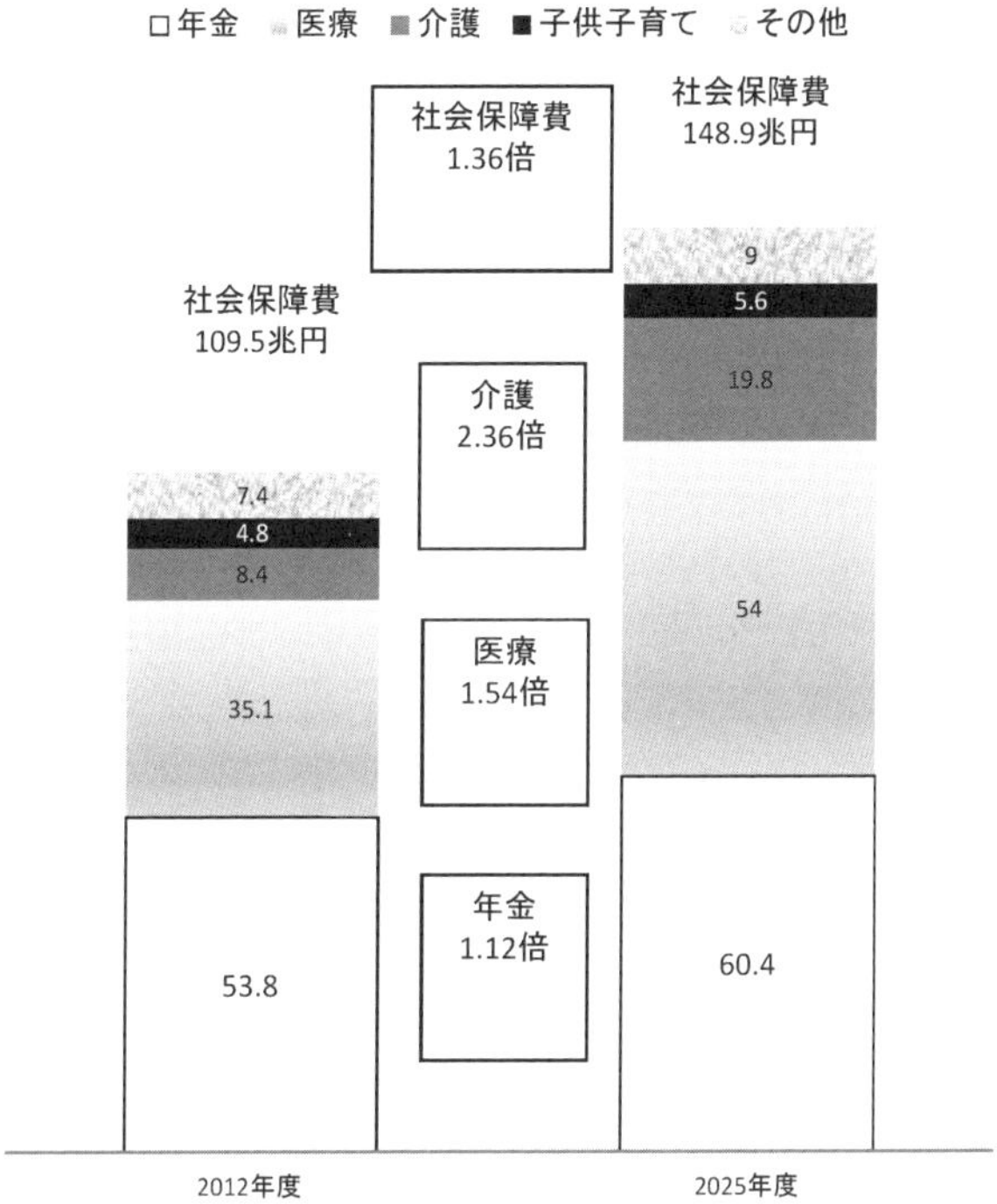

（出所）厚生労働省「社会保障にかかる費用の将来推定の改定について（平成24年３月）」より筆者作成。

図６　社会保障給付の増加

と二〇二五年を比較すると社会保障給付額全体の上昇率が一・三六倍であるのに対して、医療は一・五四倍、介護は二・三四倍とそれよりも高い上昇率となると推定されている(図6)。

　したがって団塊の世代がすべて七五歳を超える二〇二五年に向かって七五歳以上人口が急激に増加することが避けられ

ないなかで、今後特に医療、介護給付の増加を主因とした社会保障における財政上のミスマッチのさらなる拡大については喫緊の課題として考えていかなければならない。ただし単に財政上のミスマッチを短期的に解消するために新たな財源を確保する、ということだけでは根本的な問題を解決することにはならない。というのもこれまでの分析からわかるように、二〇二五年に向けて七五歳以上人口が増加する一方で少子化にともない現役世代が減少するという人口構造がしばらく続く以上、長期的視点から日本の社会保障制度が効率的かつ持続可能な制度であるためには、財源確保の問題のみならず高齢者も含めた受益者負担の割合、事業報酬の見直し等給付面の制度改革についても聖域なく考えていくことが必要不可欠となる。

そこで次章では、二〇二五年以降に向けた近年の社会保障制度に関する政府の取り組みについて検討しながら、持続可能な社会保障制度の実現のために必要なことについて論ずる。

三　持続可能な社会保障制度実現のために各政策主体の取り組むべき課題

前章までの分析では、高齢化のピークを迎える二〇二五年に向けて現行の社会保障制度が特に財政面において非常に厳しい状況下にある、ということを示してきた。

これらの課題に対して政府は二〇一二年に「社会保障と税の一体改革」を閣議決定し、同年八月に関連八法案を成立させた。現行社会保障制度の二〇二五年に向けた見直しがその主たる目的となるこの改革では、「変化した経済・社会の構造に対応し、かつ全世代の国民が安心でき、公平・公正かつ自助・共助・公助のバランスにより支えられる社会保障制度実現のための改革」というコンセプトのもと、消費税の五%から一〇%への増税をはじめとした抜本的な税制改革によって安定財源を確保し、「社会保障の充実・安定化とそのための安定財源の確保と財政健全化の同時達成を目指す」とした。具体的に社会保障分野に関しては、上述のコンセプトのもと、「中規模・高機能」な社会保障体制を目指すとし、①子ども・子育て支援、若者雇用対策、②医療・介護等のサービス改革、③年金改革、④「貧困・格差対策（重層的セーフティネット）」「低所得者対策」について優先的に取り組むものとして、まず社会保障・税に関わる共通番号制度（マイナンバー制度）を導入した。[8]

本稿で主に取り上げている医療・介護制度改革という視点から見たこの「社会保障と税の一体改革」は、単なる消費税増税分の割り当てによる財源の増加、ということを意味するだけではなく、二〇一二年が医療・介護事業者に対価として支払われる診療報酬・介護報酬が同時に改定される六年に一回の機会で、特に二〇二五年に向けて、高齢化率が三割超となる超高齢社会に対応するための診療報酬・介護報酬の改定を通じた医療・介護制度の見直しのスタートの年と位置づけられ、今後の改革の方向性についても示されているところが注目すべき点である。そこでは今後の医療・介護改革の重点項目として、病床の機能分化・連携、在宅医療・介護の推進、医療・介護従事者の確保・勤務環境の改善等、「地域の実情に合わせた効率的かつ質の高い医療提供体制の構築」と地域における医療・介護の連携の仕組みとその拠点作りを中心とした「地域包括ケアシステムの構築」を急務の課題としてそれに対する当面の政策工程表を示している。

ところで既知の事実として、消費税の一〇％への増税は当初の予定より四年遅れで実施されることとなったが、医療・介護サービス分野の改革については大きな影響を受けることはなく、介護保険料の低所得者への軽減強化の部分延期等、改革工程から一部遅れたものもあるが、途中までは概ね工程表通りに進んでいるものと考えられる。

まず二〇一六年、二〇一七年までの期間は主に制度の見直し期間ということで、①慢性期の医療・介護サービスの提供体制に係る制度上の見直し、かかりつけ医機能の強化に向けた制度の見直しなど医療・介護提供体制の適正化のための取り組み、②保険者における医療費適正化に向けた取り組みに対するインセンティブの強化、個人の健康作りや適切な受診行動の促進のためのインセンティブの付与のための改革、③民間事業者との連携による保険者のデータヘルス実行に関する検討、④公的保険給付の範囲の見直し、高額医療費の見直しなど世代内、世代間における負担の公平化、マイナンバー制度の活用による金融資産の保有状況に応じた応能負担の検討など適正な給付、公平な負担への制度の見直し、⑤薬価報酬に関する市場価値との乖離の是正、後発医薬品の価格算定ルールの見直し、などが行われている。

　また二〇一四年には今回の医療・介護改革の重点項目の一つである「地域の実情に合わせた効率的かつ質の高い医療提供体制の構築」に関連する施策として、「地域における医療および介護の総合的な確保を推進するための関係法律の整備等に関する法律（医療介護総合確保推進法）」が成立・施行されている。同法では医療・介護の事業計画を都道府県ごとに策定し、それをもとに二〇二五年に向けた医療・介護提供体制の整備を行うことを定めているが、同法を考える上で重要な論点として医療・介護サービス需要に大きな影響を及ぼす高齢者人口およびその増加率の地域間格差がある。図7は都道府県別の二〇一七年時点での高齢者人口をグラフにしたものであるが、東京、大阪、神奈川、愛知、埼玉、千葉、北海道、兵庫、福岡の九県で全体の五〇％ほどを占めており、またこれらの都道府県ほとんどで六五〜七四歳人口のほうが七五歳以上人口よりも多い。

　また図8は二〇一五年を基準年とした六五歳以上人口指数を示しているが、特に二〇二五年はまだすべての都道府県が一〇〇を超えているが、二〇四五年には一〇〇を切る県から一六〇に迫る県まで地域ごとのばらつきが大きくなっていることがわかる。

　このように地域間にかなりばらつきがある高齢化の進展状況を鑑みたとき、効率的かつ持続可能な医療・介護制度の実現のためには都道府県ごとに医療・介護需要を適切に把握した上で

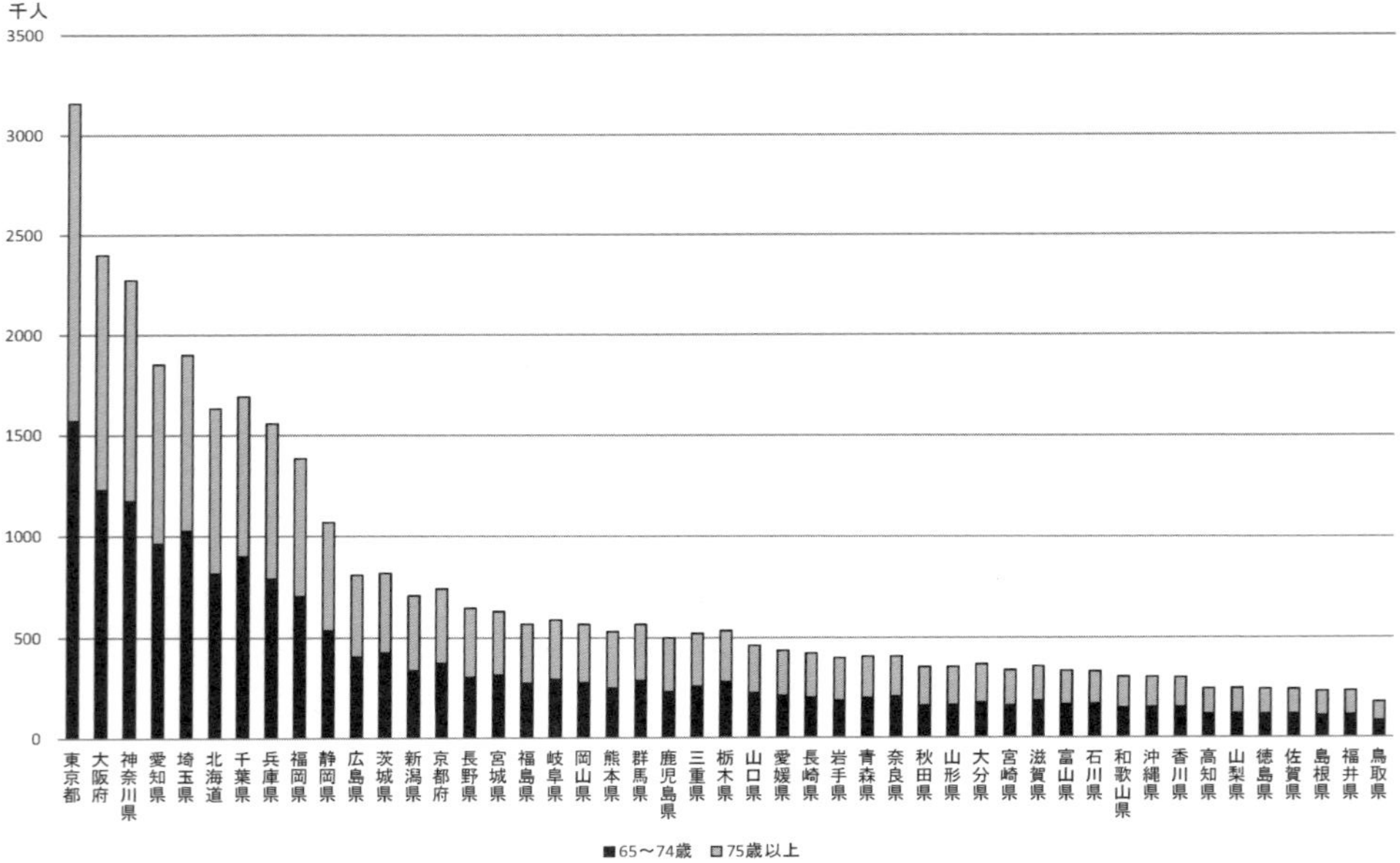

（出所） 総務省「人口推計」より筆者作成。

図７　都道府県別65歳以上人口（2017年９月現在）

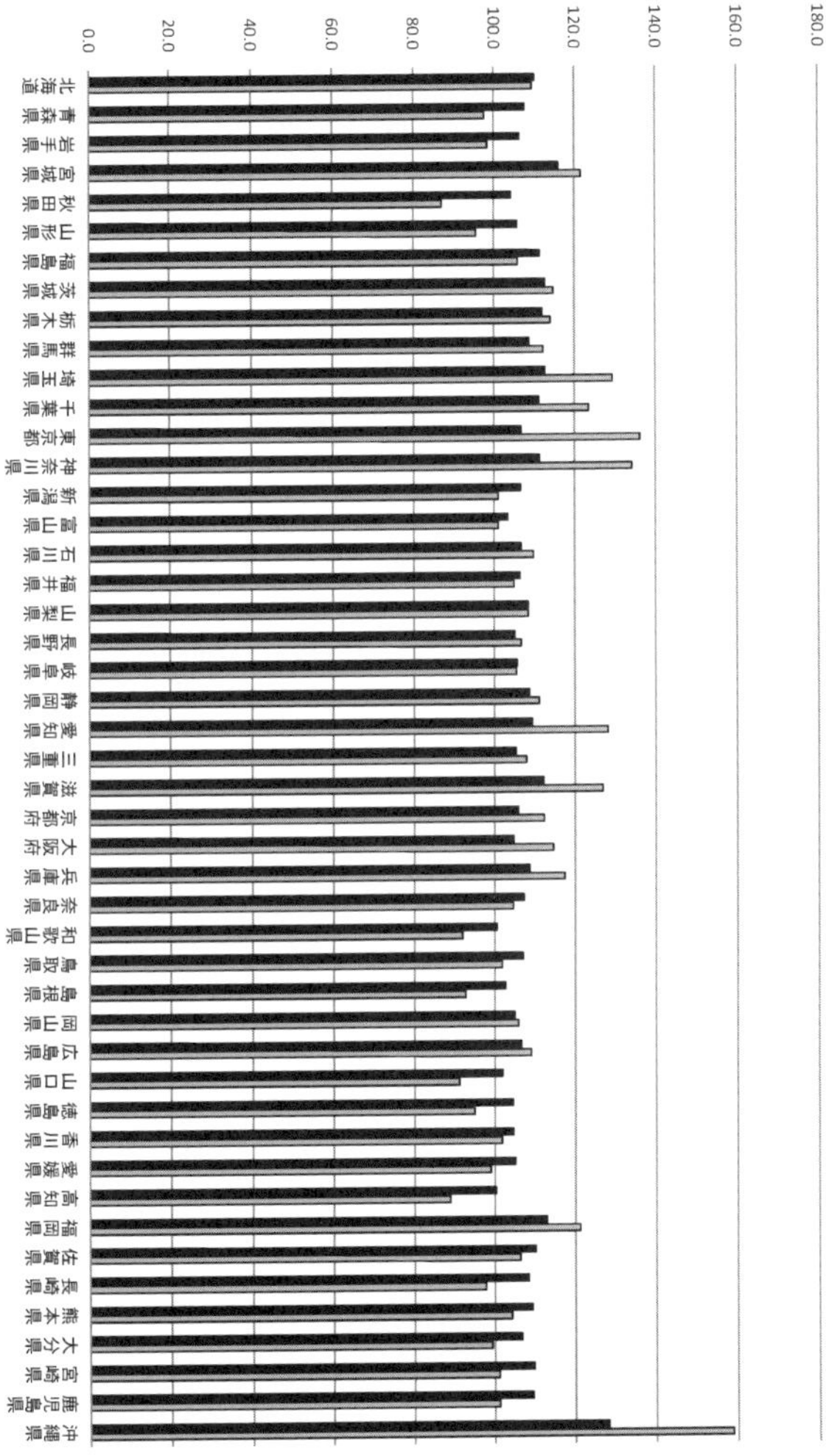

（出所）国立社会保障・人口問題研究所「日本の地域別将来推計人口（平成30年推計）」より筆者作成。

図8　2015年65歳以上人口を100としたときの65歳以上人口指数

の事業計画の策定とそれに基づいた国の医療・介護資源の効率的な配置と財源の配分を検討していくことが必要となる。医療介護総合確保推進法はその方針を明文化したものといえる。

医療介護総合確保推進法の成立にともない、二〇一四年から医療機関に自らが現在担っている医療機能および今後の方向性について都道府県に報告させる病床機能報告制度を設け、さらに二〇一五年からは都道府県が当該地域の医療需要の将来推計や医療機関からの情報等を活用し、当該地域におけるバランスのとれた機能分化、連携の推進のための地域医療構想を策定することが求められることとなり、国において地域医療構想策定のガイドラインが示された。二〇二五年の医療体制の基礎となる地域医療構想における医療機能の分化については、それまでの各医療機関の医療機能が見えにくい、という理由から、従来の一般・療養から急性期・回復期・慢性期という形で医療機能の分類を変更し、医療機関が自主的に今後自ら担う機能を選択する形で都道府県に報告し、都道府県は地域医療構想策定においてその報告を活用してさらなる機能分化の推進を図ることとなった。

さらに消費税増税分からの財源増加として、二〇一四年六月に同法の下創設された財政支援制度である地域医療介護確保総合基金を各都道府県に設置し、その活用を通じて各都道府県で策定された地域医療構想に基づき医療施設の整備、医療従事者の確保、在宅医療提供サービスの整備を行うことで地域ごとの需要に見合った医療サービスを提供できる体制を整えることとなった。なお後述するが、二〇一五年度予算から基金に介護分が医療分に上乗せされて、介護施設の整備、介護従事者の確保等介護サービスの提供体制についても基金によって整備が行われることとなった。

もう一つの重点項目である「地域包括ケアシステムの構築」は、高齢者が住み慣れた地域で生活を継続できるように三〇分程度で駆けつけられる中学校の学区程度に相当する圏域に、医療、介護、介護予防、生活支援を充実させるネットワーク、いわゆる地域包括ケアシステムを構築することを指す。具体的には二四時間対応の在宅医療、在宅介護サービスの強化、できる限り要介護にならないための予防の取り組み、自立支援型介護、買い物などの生活支援、財産管理等の権利擁護、高齢者が住み続ける事が可能となるようなバリアフリー環境の整備（国交省）を包括的かつ継続的に行うことを目指した仕組みで、主に介護保険制度改革の一環として議論されている。

高齢者の医療と介護を効率的に組み合わせるという目的のもと二〇〇〇年に創設された介護保険制度であるが、当初の目論見とは異なり要介護認定者が急激に増加したため、それに対応するべく二〇〇五年の法改正で制度自体の方向性を予防重視型システム、地域密着型サービス提供へと舵を切った。その中心に据えられたのが前述の地域包括ケアシステムである。以降二〇一四年、二〇一七年に地域包括ケアシステムの構築、機能促進のための法改正が行われたが、これによって在宅医療・介護など地域支援事業の充実のために前述の医療と併せて介護についても地域医療介護確保総合基金を活用した介護施設の整備、介護従事者の確保が行われるとともに地域における医療と介護との連携強化の方針が策定されることとなった。

特に介護サービス需要については、認知症による要介護者の増加など介護サービスに対する需要が急激に増加するとされる七五歳以上人口の増加率が二〇二五年では全国的な傾向として高い水準にあり、さらに埼玉、千葉、神奈川など東京圏の都市部を中心に二〇四五年においても高い数値を示している(図9)ことなどから様々な場面で東京圏の介護需給のギャップについては議論の対象となる。

特に都市部においては需要に対して医療・介護提供体制の整備が追いつかない、そもそも医療・介護資源自体が不足している可能性がある一方で、全国的な傾向として多くの高齢者が自宅もしくは住み慣れた地域での療養を望んでいることもあり、結果として高齢者のニーズに応える形での在宅医療・介護へのシフトが行われているのが現状である。そのような中で、地域包括ケアシステムの構築は在宅医療・介護を政策的に推進するための必須条件となる。特に在宅中心の医療・介護提供体制が抱える問題、例えば高齢単身世帯の増加、自立支援が必要な認知症高齢者の増加、地域における医療機関と介護関係機関との連携不足等を補完する仕組みが地域包括ケアシステムの役割の中に含まれていることからも早期に機能することが地域に住む

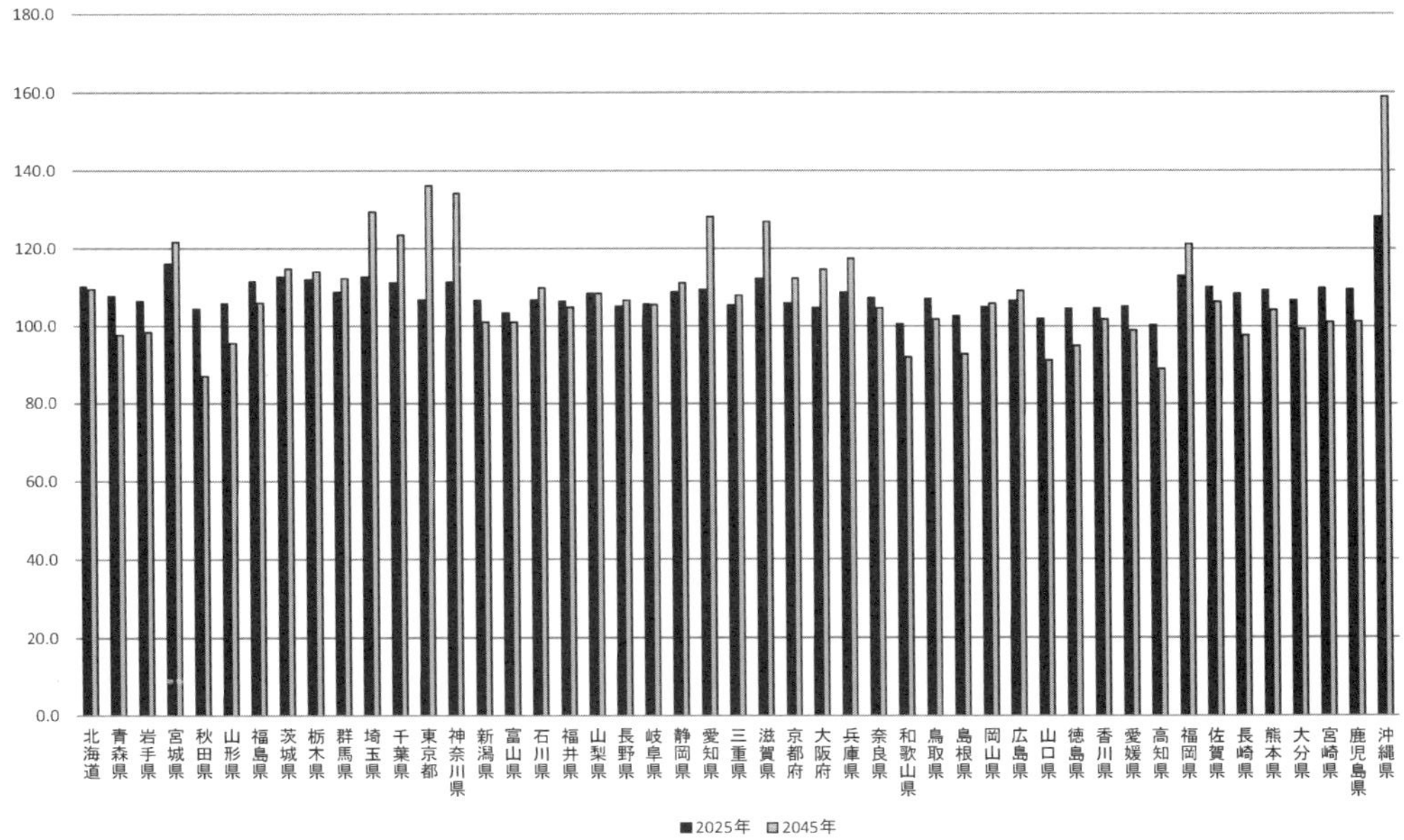

（出所）国立社会保障・人口問題研究所「日本の地域別将来推計人口（平成30年推計）」より筆者作成。

図 9　2015年75歳以上人口を100としたときの75歳以上人口指数

高齢者の安心にもつながる。

ここまで「社会保障と税の一体改革」に沿って医療・介護改革について検討してきたが、以降では社会保障改革の現在地として、二〇一八年度における社会保障改革の取り組みについて見ていきたい。この二〇一八年は診療報酬・介護報酬の同時改定が行われる二〇二五年までの最後の年に当たるので、診療報酬・介護報酬改定を組み合わせて医療・介護制度改革を行う重要な年と位置づけている。経済財政運営と改革の基本方針二〇一八では、社会保障政策の基本方針として、「社会構造の変化に的確に対応し、持続可能な社会保障制度の確立」を目指した上で、国民が安心して見通しを立てた上で人生設計、多様な社会参加を行うことができる「質の高い社会」の実現を目指し、同時に「社会保障の効率化を通じて、国民負担の増加の抑制と社会保障制度の安定の両立を図る」としている。[9] この基本方針については二〇一二年の「社会保障と税の一体改革」で策定した基本方針を概ね踏襲しているものと考えられる。

診療報酬・介護報酬改定の基本方針から読み取れる持続可能な社会保障制度の確立に向けての方策は次の通りである。まず医療に関しては、各都道府県が策定した地域医療構想の実現に向けて、公的医療機関については高度急性期医療と不採算部門・過疎地への医療提供への重点化のための医療機関の統廃合や病床の機能分化を進める、各地域の医療ニーズに見合う形での地域医療機関の病床の転換、ダウンサイジングを地域医療介護総合確保基金による財政的支援を通じて対応することなどが挙げられている。病床の機能分化に関連して、地域包括ケアシステムの中心となる地域の病院・診療所の機能分化とかかりつけ医機能の普及・促進への取り組みも示されている。また、一人あたりの医療費、介護費の地域間格差の縮小については国・都道府県ともに地域医療構想に基づき積極的な役割を果たすことが求められ、大都市の高齢者急増問題に対しては、医療・介護連携の広域化を促進することでの対応も検討するとしている。さらに将来的な現役世代の減少に備えて、特に高齢者医療や介護についての自己負担分について、資産まで含めた支払い能力に基づく負担を求めること、国民負担の改革に対する国民の理解を深めるために保険料・公費負担分の保険給付率と患者負担率のバランスの「見える化」を行い、診療報酬などと合わせて再検討するとしている。

介護部門については地域包括ケアシステムの推進により、中重程度の要介護者も含めてどこにいても切れ目のない医療・サービスの提供が受けられる体制を整える、としている。具体的には、リハビリ部門など医療と介護のさらなる連携の推進、医療と介護の複合的ニーズに対応するため従来の介護療養型医療施設を改組した介護医療院の創設、訪問介護の身体介護と生活援助の機能分化による介護の担い手の拡大などが基本方針として挙げられている。また「質の高い社会」の実現に向けて保険者に健康寿命の延伸、医療・介護予防などへの取り組みを促し、その取り組みをデータ化し適切な指標による実績評価の結果に基づく保険者への財政的インセンティブの付与についての検討も始まっている。

このように医療・介護分野においては来たるべき「超」超高齢社会に備えて様々な見直しが行われている。しかしながらこれらの見直しが二〇二五年に向けて十分な取り組みとなっているとは必ずしもいえない。そこで以下では現在進行形の医療・介護改革についていくつかの論点について考える。

まず、重点項目の一つである「地域の実情に合わせた効率的かつ質の高い医療提供体制の構築」に関する最も大きな政策として、地域医療構想の策定を都道府県が行うことが挙げられる。本章図7から図9でも示したとおり、地域間で高齢者の増加率にかなり差がある状況においては地域間で医療に対する需要が異なるのは当然のことであり、したがって病床の機能分化についても各地域の状況に応じて行われることが望ましい。ただし、診療報酬については現在国によって全国一律で決定されているため、医療費の増大に対して保険料負担の増加で対応せざるを得ない状況が生じる[10]。制度的には各地域の状況に応じた地域別の診療報酬水準の決定は不可能なわけではなく、財務省、厚生労働省などでは医療費削減の手段として地域別診療報酬の活用についての議論を始めている。これに対しては医師会などが全国一律の医療の質の担保が難しくなるなどの理由で強く反対しているが、地域医療構想を都道府県が策定する形である現在、医療サービスの対価ともいえる診療報酬水準の決定について都道府県に一定の自由度を与えることは医療保険制度の持続可能性を高める上でも必要なことと考える。

もう一つの重点項目である「地域包括ケアシステムの構築」については、その実現によって住み慣れた自宅、地域で療養することを望む高齢者の希望に寄り添うことになり、地域内での医療と介護の連携による切れ目のないサービスの提供が期待できることなどから介護というサービスの特性からも望ましい方向性といえる。しかしながら地域包括ケアシステム構築の過程においていくつかの障害、問題点も指摘される。まず国が二〇〇五年から地域包括ケアシステムの考え方について示しているにもかかわらず、特に情報共有という面で介護と医療の間での連携が取りにくい状況が各所で生じている。これは、医療・介護の機能分化という政策的問題、医療情報の共有に関するＩＣＴ（情報通信技術）の活用など技術的な面での進歩待ち、という理由だけではなく、医療者と介護者の間での考え方の相違が根深く残っていることがその構築を妨げる要因の一つにある。また今後介護需要が大きく拡大する大都市圏と介護需要が減少を始めている地方の小都市などとでは地域の高齢化の状況のみならず、地理的条件、経済状況など介護に関連する状況が大きく異なることもあり、それに対応するための地域包括ケアシステムの形式も地域ごとに異なるものが許容されるような制度設計を行う必要がある。さらに地域間の被保険者の移動があった場合の住居地特例など税制上の問題や、家族介護などのインフォーマルサービスに対する支援などについても地域包括ケアシステムのあり方に立ち戻って議論する必要がある。

最後に社会保障制度改革としての観点からは、給付と負担のバランスの問題は避けて通れない。高齢化にともない医療・介護費が今後も増大することが予想される一方、国・地方ともに財政状況は厳しく公費による社会保障財源のこれ以上の確保は容易ではない。また現役世代が減少するなかで保険料負担の見直しは必要不可欠であるが、自己負担率の増加に関しても国民的な合意を得ることも容易なことではない。税負担、保険料負担ともにこれ以上増やすことのできない現状で目指すべき姿として政府が示した「中規模・高機能」な社会保障制度の実現のためには、自己負担分が増加したとしてもそれを利用者が効率的な負担と捉えられるようなサービスの多様化、質の向上が可能となる制度設計ができるかが鍵となる。そのためには地域への社会保障関連の権限のさらなる委譲を進めることを検討する必要がある。

結びにかえて

本稿では近年の社会保障改革のなかで特に医療・介護部門での取り組みに注目し、効率的かつ持続可能な社会保障制度実現のために必要な論点について財政面を中心に検討した。二〇一二年の「社会保障と税の一体改革」では、団塊の世代が七五歳以上となり七五歳以上人口が二〇〇〇万人超と推計される二〇二五年を目途とした改革について「地域の実情に合わせた効率的かつ質の高い医療提供体制の構築」、「地域包括ケアシステムの構築」という二つの重点項目を掲げたうえでその工程表を示した。それに基づき実行されている二〇一二年以降の施策については、都道府県単位で医療・介護提供体制の整備を行う地域医療構想の策定、地域包括ケアシステムを通じた地域レベルでの医療・介護の連携など、都道府県などに医療・介護事業のマネジメントの役割を移行させることで効率的な医療・介護資源の配分を目指すという改革の方向性が見えるところに特徴がある。しかしながら様々な理由でこの改革が頓挫し効率性の改善が実現しなければ、単なる国から地方への丸投げということになる。その場合の追加の負担は国民が後々背負うことになるだけでなく、社会保障制度自体の持続可能性も危ぶまれることになる。したがって今後も社会保障制度改革がどのように進んでいくのかを継続的に観察する必要がある。

「超」超高齢社会に向けた社会保障改革について論じた本稿ではまだその入り口の議論を行ったに過ぎず、改革を妨げる要因についての詳細な分析など多くの研究課題が残っていることは言うまでもない。したがって本稿を社会保障改革に関する議論のスタートラインとして、今後のさらなる研究の深化に向けて取り組んでいきたい。

参考文献

Reinhart Carmen M. and Kenneth S. Rogoff（2010）,“Growth in a Time of Debt,” American Economic Review Paper and Proceedings, Vol. 100, No. 2, May, pp. 573-578.

Reinhart Carmen M, Vincent R. Reinhart and Kenneth S. Rogoff (2012), "Public Debt Overhangs: Advanced-Economy Episodes Since 1800," Journal of Economic Perspectives, Vol. 26, No. 3, Summer, pp. 69-86.

厚生労働省（二〇〇九）「社会保障に関する基礎資料」（厚生労働省ホームページ（https://www.mhlw.go.jp）よりダウンロード可能）

政府広報オンライン特集「社会保障と税の一体改革」（政府広報オンライン（https://www.gov-online.go.jp）より閲覧可能）

厚生労働省（二〇一二）「社会保障・税一体改革の概要」（厚生労働省ホームページよりダウンロード可能）

東京大学高齢社会総合研究機構編（二〇一四）「地域包括ケアのすすめ――在宅医療推進のための多職種連携の試み」

増田寛也編著（二〇一五）「東京消滅――介護破綻と地方移住」中公新書

木下栄作（厚生労働省医政局地域医療計画課課長補佐）（二〇一五）「地域医療構想について」（報道発表資料、厚生労働省ホームページよりダウンロード可能）

鈴木亘（二〇一六）「介護保険施行一五年の経験と展望――福祉回帰か、市場原理の徹底か」RIETI Policy Discussion Paper Series 16―P―014

厚生労働省保険局（二〇一六）「経済・財政再生計画　改革工程表　二〇一六改訂版」（厚生労働省ホームページよりダウンロード可能）

厚生労働省（二〇一七）「地域包括ケアシステムの強化のための介護保険法等の一部を改正する法律」（厚生労働省ホームページよりダウンロード可能）

厚生労働省社会保障審議会医療保険部会（二〇一七）「平成三〇年診療報酬改定の基本方針」（厚生労働省ホームページよりダウンロード可能）

財政制度審議会（二〇一七）「平成三〇年度予算の編成等に関する建議」（財務省ホームページ（https://www.

mof.go.jp)よりダウンロード可能)
内閣府(二〇一八)「平成三〇年版高齢社会白書」(内閣府ホームページ(https://www.cao.go.jp)よりダウンロード可能)
財務省(二〇一八)日本の財政関係資料 平成三〇年版(財務省ホームページよりダウンロード可能)
内閣府(二〇一八)「経済財政運営と改革の基本方針二〇一八」(内閣府ホームページよりダウンロード可能)

注

(1) 平成三〇年度では一般歳出において社会保障関係費は五六%を占める。「日本の財政関係資料平成三〇年版」参照。
(2) 例えばReinhart and Rogoff(2010)、同(2012)では、債務残高対GDP比が高くなると、経済成長率が低くなるという相関があることを示している。
(3) 平成二九年「高齢社会白書」(内閣府)より。
(4) OECD等で用いられる基準は、七%以上で「高齢化社会」、一四%以上で「高齢社会」、二一%以上で「超高齢社会」とされている。
(5) 医療・介護については保険料以外に一部利用者負担があり、低所得者に対しては支払いの減免など、国、地方公共団体からの補助も行われる。
(6) 「社会保障・税一体改革の概要」より。
(7) 介護対策費については、二〇〇〇年より介護保険制度が創設された以降の値である。
(8) 本段落については、政府広報オンライン特集「社会保障と税の一体改革」、厚生労働省「社会保障・税の一体改革」を参考・一部引用している。
(9) 「経済財政運営と改革の基本方針二〇一八」五四頁から一部引用。
(10) 国民健康保険については二〇一八年より基本的に都道府県単位での財政運営方式へと移行した。

投資における会計情報の利用とその注意点

遠谷貴裕

はじめに

企業は、会計情報システムを活用し、信頼性が高く情報利用者の目的に適合する会計情報を提供している。様々なディスクロージャー・システムを通じて提供された会計情報は、多くの情報利用者の意思決定に利用されている。

情報利用者は、会計情報をそのまま利用する場合もあるが、それぞれの意思決定目的に応じた形に加工（業績指標化）・分析して利用することの方が多い。本講座では、会計情報を加工・分析（経営分析）する意義と、分析手法について簡単に概観する。

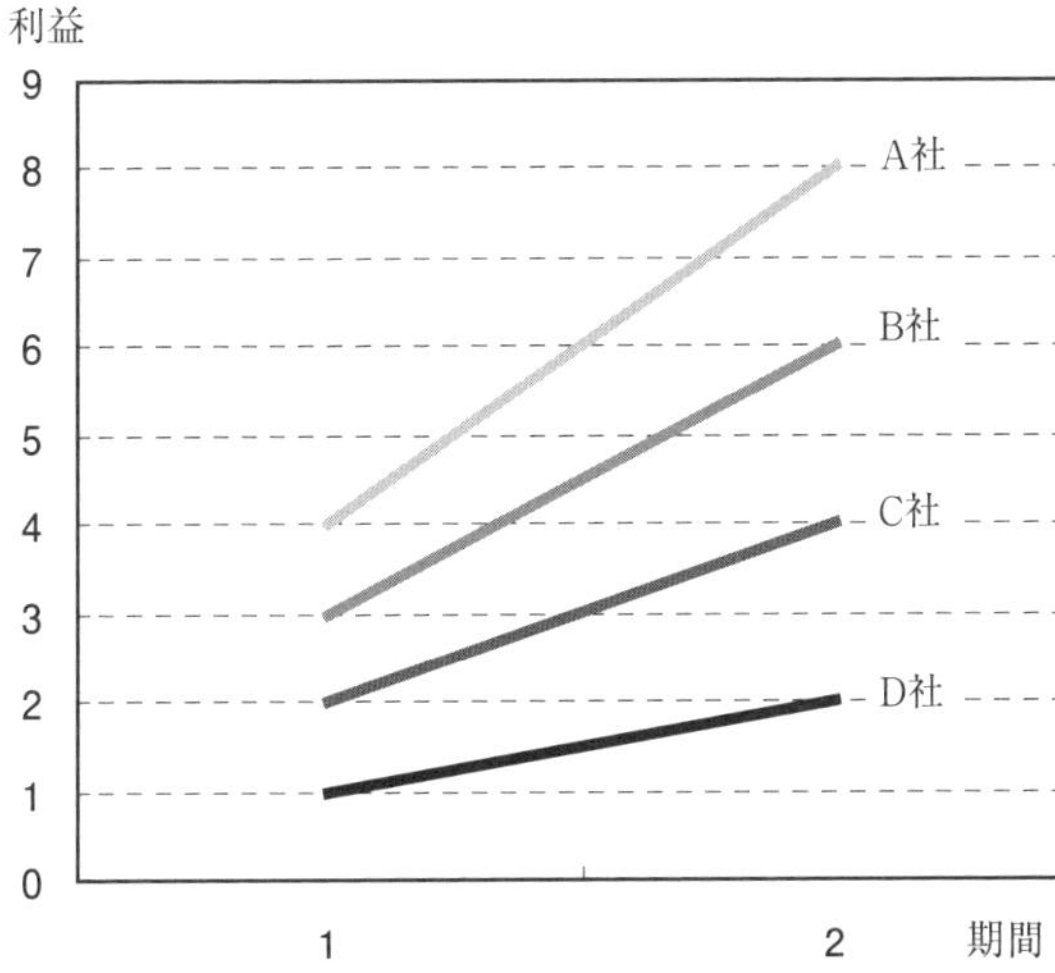

図1　時系列情報の錯覚

一　会計情報の利用と業績指標

(1)　会計情報に基づく経営分析の意義

会計情報をそのまま利用せずに、加工・分析して利用する意義はどこにあるのだろうか。通常、企業の会計情報を観察する場合、我々は当該企業の過去の情報との比較を行ったり、同一年度の他企業との比較を行ったりしながら当該企業の財務状態や経営成績などを評価し、意思決定を行う際の資料として役立てている。このような比較の際に、会計情報をそのまま利用するとどのような不都合があるだろうか。

図1では、A社からD社の一期から二期への利益額の変化を表したものである。利益額はそれぞれ二倍ずつ変化しているにもかかわらず、傾きが異なるため、あたかも

表1　クロスセクション情報の錯覚

	A社	B社	C社
営業利益	1,000	10,000	100,000
経常利益	800	7,000	60,000
当期純利益	500	4,000	30,000
総資産額	5,000	20,000	1,000,000
自己資本額	2,500	16,000	300,000

A社の利益がより大きな変化をしているように見える。

表1では、利益額を見る限りではC社が最も多くの利益を上げており、儲かっているように見える。一方、A社は最も利益額が小さく、儲かっていないように見える。しかし、総資産額で表される企業の規模を考慮したり、株主の視点から自己資本額に注目した場合には、B社が最も効率的に利益を稼いでいるといえる。

(2) 時系列分析法とクロスセクション分析法

企業の実態を正しく把握するために会計情報を加工・分析する方法として、次の三つの手法が頻繁に用いられる。

(一) 目標値との比較

例えば、当期損益が黒字か赤字か、債務超過か否か、業績予想によって公表された予想利益やアナリスト予想利益以上の利益を計上しているか否かなど、主観的に定めた基準や経験的に得られた数値を目標値として、これと実際の会計数値とを比較する手法

が該当する。(1)

(二) 時系列(time-series)分析法

時系列分析法は、対象企業の財務数値を過年度の数値と比較することにより分析を行う手法である。企業の業績動向に注目して特定株式の売買のタイミングを決定する場合などに有効である。(2)

(三) クロスセクション(cross-section)分析法

クロスセクション分析法は、同時点における他企業との比較分析を行う手法である。どの企業の株式をポートフォリオに採用するか等を決める際の基礎的情報を得るのに有効である。同一企業の時系列分析法に比べ、クロスセクション分析法では同一時点での比較を行うため、環境の変化の影響を受けないという利点がある。(3)

(3) 収益性分析

会計情報を用いた分析で最も頻繁に行われるのが収益性分析である。企業の収益性は株価に関連しており、投資の意思決定に資する最も重要な要素であるといえる。企業の収益性分析は、投下された「資本」からどれだけの「利益」がもたらされたかを表す「資本利益率」や、資本の運用効率を表す「資本回転率」を用いて行われる。分析の際には、資本の種類ともたらされる利益との組み合わせに注意する必要がある。以下で、分析に用いられる各指標について解説する。

① 総資本利益率(ROA)と自己資本利益率(ROE)

㈠ 総資本利益率(ROA：Return on Asset)

計算式

$$総資本利益率 = \frac{事業利益〔営業利益+受取利息・配当金+持分法利益〕}{使用総資本(総資産)}$$

計算目的

総資本利益率(ROA)は、総資本事業利益率とも呼ばれる。総資本利益率は、企業が経営活動で使用する資本全体から生み出された利益額を総資産額で割り、総資産の収益性を測定するために算出される。言い換えれば、総資本利益率は企業が運用している総資本に対する経営者の総合的な収益獲得能力を見る指標と解釈できる。

資本概念		利益概念
総資本	- - - - -	事業利益
自己資本	- - - - -	当期純利益

図2　資本と利益の組み合わせ

一般には分子に経常利益が用いられる場合が多いが、分母には総資本を用いているので、これに対応した「事業利益」を用いる必要がある。なぜなら、総資本は他人資本を含むため、これに対して支払った支払利息を足し戻す必要があるからである。また、余剰資金を運用して得た金融収益や持分法による投資収益も含む必要がある。分母として用いる使用総資本は、分子の利益は一期間の成果であることに対応させて期首と期末の平均額を用いる。

読み方

総資本利益率が高いほど、その企業の収益性は高く、調達した総資本を効率よく利用していると解釈される。一方、総資本利益率が低ければ、その企業の収益率は低く、調達した総資本を効率よく利用できていないため、その企業の事業リスクが高いことと解釈される。

㈡　自己資本純利益率(ROE : Return on Equity)

計算式

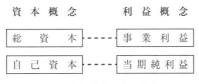

$$自己資本利益率 = \frac{税引後当期純利益}{自己資本}$$

計算目的

自己資本とは株主の持分という意味で、株主に属する資本部分である。自己資本純利益率(ROE)は、企業の株主に対する収益性を表すものであり、株主の投下資本がどれだけ効率的に運用されているかを表す指標である。

分子には他人資本に対する支払利息や株主が負担する特別損益項目、税金などを控除した税引後の当期純利益が用いられる。総資本利益率と同様に、分母として用いる自己資本は期首と期末の平均額を用いる。

読み方

自己資本利益率が高いほど、その企業の収益性は高く、調達した株主資本を効率よく利用して株主に帰属する利益を多く獲得していると解釈される。一方、自己資本利益率が低ければ、その企業の収益率は低く、調達した自己資本を効率よく利用できておらず、株主に帰属する利益を多くは獲得できていないと解釈される。

② ROAとROEの分解

ROAとROEの大きさを決定する要因を考察するために、ROA・ROEは以下のように売上高利益率と資本回転率に分解できる。

(一) 資本利益率の分解

資本利益率＝売上高利益率×資本回転率

$$\frac{\text{利益}}{\text{資本}}=\frac{\text{利益}}{\text{売上高}}\times\frac{\text{売上高}}{\text{資本}}$$

(二) ROAの分解

総資本利益率（ROA）＝売上高事業利益率×使用総資本回転率

$$\frac{\text{事業利益}}{\text{使用総資本（総資産）}}=\frac{\text{事業利益}}{\text{売上高}}\times\frac{\text{売上高}}{\text{使用総資本（総資産）}}$$

(三) ROE の分解

自己資本純利益率(ROE)＝売上高純利益率×自己資本回転率

$$\frac{\text{税引後当期利益}}{\text{自己資本}} = \frac{\text{税引後当期純利益}}{\text{売上高}} \times \frac{\text{売上高}}{\text{自己資本}}$$

このように、ROA・ROE は、売上高利益率と資本回転率に分解することで、利益率が良好であったり劣悪であったりする要因を観察することができる。売上高利益率が低ければ、余分なコストを削減する必要があるし、資本回転率が低ければ、経営の効率性を向上させる必要がある。

③ 財務レバレッジと ROA・ROE の関係

ROA と ROE の関係は、当該企業の負債の利子率と財務レバレッジを用いて表すことができる。財務レバレッジとは、次節で説明する自己資本比率や負債比率で表される自己資本と他人資本の割合であり、総資本をどれだけ他人資本に頼って調達しているかを意味する指標である。

財務レバレッジを用いると、ROE は次のように三分解できる。

自己資本純利益率(ROE)＝売上高純利益率×使用総資本回転率×財務レバレッジ

$$\frac{\text{税引後当期利益}}{\text{自己資本}}=\frac{\text{税引後当期純利益}}{\text{売上高}}\times\frac{\text{売上高}}{\text{使用総資本}}\times\frac{\text{使用総資本}}{\text{自己資本}}$$

このように、ROEは財務レバレッジの大きさに影響を受けていることが確認できる。以下では、ROA・ROEと財務レバレッジとの関係について数式を用いて確認する。使用総資本のうち、負債部分をD、自己資本部分をEとし、負債の利子率をr、税率をtとする。このとき、ROAの計算に用いる事業利益は次の式で表される。

事業利益＝使用総資本×ROA＝(D＋E)×ROA　(1)

また、支払利息は負債額に利子率を掛け合わせて算出される。

支払利息＝D×r　(2)

金融収支以外からの営業外損益や特別損益項目がないと仮定すれば、税引前当期純利益は事業利益から支払利息を差し引いて算出されるので、(1)から(2)式を控除した形で表される。

$$税引前当期純利益 = (D + E) \times ROA - D \times r = E \times ROA + D \times (ROA - r) \qquad (3)$$

次に、(3)式の両辺を自己資本額Eで割ると、税引前ROEの計算式が得られる。

$$税引前ROE = ROA + (ROA - r) \times \frac{D}{E} \qquad (4)$$

そして、(4)式の右辺に(1－t)を掛けて税を控除すれば、ROEが導出される。

$$ROE = \left[ROA + (ROA - r) \times \frac{D}{E} \right] \times (1 - t) \qquad (5)$$

(4)式から、以下のようなROAと税引前ROEとの関係が考察される。

(一)　ROAと税引前ROEの大小関係

$ROA - r > 0$（ROAが負債利子率より大きい）　→　$ROA < ROE$

※　好況時によく見られるパターン

$ROA - r < 0$（ROAが負債利子率より小さい）　→　$ROA > ROE$

※　不況時によく見られるパターン

(二) 財務レバレッジの効果

税引前ROEとROAの関係は、ROAと負債利子率との関係($ROA-r$)によって決定されるが、その効果は財務レバレッジによって影響を受ける。

財務レバレッジ大(D/E大) → $ROA-r$が税引前ROEに与える影響大

財務レバレッジ小(D/E小) → $ROA-r$が税引前ROEに与える影響小

つまり、ROAと税引前ROEの関係において、財務レバレッジや負債利子率が大きな影響を与えており、これらによって数値が大きく変化することがわかる。

二 財務会計情報と資本市場

ここでは資本市場における意思決定に焦点を当てて、投資家の意思決定と会計情報との関係、および財務会計情報が資本市場に与える影響について考える。[4]

(1) 会計情報と企業評価

投資家は企業の財務諸表を詳細に分析し、自分が予想する将来の経済情勢から判断して投資の意思決定を行う。ある企業の株式について、自らは業績が将来的に大きく上昇すると予測したが、他の投資家は比較的厳しい予測をしている状況を想定する。このとき、当該企業の株式は、自らの予測に比べ過小評価されていると感じるだろう。自らの予測が正しいならば、当該企業の株価は将来的に上昇するはずである。従って、過小評価されていると感じたときに株式を購入することにより、自らの予測が正しいならば、将来に超過収益を獲得できるのである。逆に、当該企業の株式が過大評価されていると感じる場合は、自らの予測が正しいならば、その株式を空売りすることによって超過収益を獲得できる。

実際に市場で成立している株価に対して、本来あるべき株価は株式の本質的(本源的)価値と呼ばれる。この価値は将来の業績予想に基づくため、導出には財務諸表などの信頼できるデータを活用するとともに、株式価値についての科学的な評価モデルに準拠することが重要である。

企業の株式に限らず、どのようなプロジェクトや資産であっても、その価値評価の出発点は将来キャッシュフローの割引現在価値である。以下では、会計数値に基づく企業価値評価モデルについて概説する。

(一) 割引配当モデル(DDM：Discount Dividend Model)

割引配当モデル(DDM)は、株式の場合、所有することで得られる将来のキャッシュフロー・インフローは配当であるとの観点から、株式価値を配当の割引現在価値で表すモデルである。

モデル

$$株式価値 = \sum_{t=1}^{\infty} \frac{D_t}{(1+r_e)^t} = \frac{D_1}{1+r_e} + \frac{D_2}{(1+r_e)^2} + \cdots$$

ここで、

D：配当額……利益額×配当性向

r_e：自己資本コスト（自己資本に対して要求される収益率：株主の期待利回り）

自己資本コストとは、株主の投資額を表す自己資本に対して要求する収益率を表す。株主は、株式投資に際してリスクを負っているため、国債などのリスクフリー収益率以上の収益率を株式に求める。従って、自己資本コストは、リスクフリー収益率よりも当該企業のリスク・プレミアムの分だけ大きくなる。

もし、配当額が将来にわたり一定であると予想できるならば、モデルはより簡単に表現できる。また、配当が一定の割合で成長する場合も同様に簡単に表現できる。

a　配当額が将来にわたり一定(D)の場合

$$株式価値 = \frac{D}{r_e}$$

b　配当額が一定の割合(g)で成長する場合

$$株式価値 = \frac{D}{r_e - g}$$

(二)　割引キャッシュフローモデル(DCFM：Discount Cash Flow Model)

割引キャッシュフローモデル(DCFM)は、負債と自己資本を区別することなく、企業全体の活動からもたらされる将来キャッシュフローを予測し、その割引現在価値をもって企業全体の価値を推定するモデルである。株式価値を計算する場合には、計算した企業価値から負債価値を控除することにより求められる。

$$企業価値 = \sum_{t=1}^{\infty} \frac{CF_t}{(1 + wacc)^t} = \frac{CF_1}{1 + wacc} + \frac{CF_2}{(1 + wacc)^2} + \cdots$$

$$株式価値 = 企業価値 - 負債価値$$

ここで、

$$wacc(加重平均資本コスト) = \frac{負債価値}{総資本} \times r_d \times (1 - t) + \frac{株式価値}{総資本} \times r_e$$

フリー・キャッシュフロー

営業利益×(1－t)＋減価償却費－設備投資額－運転資本増加額

または、

営業キャッシュフロー(支払利子控除前)＋投資活動からのキャッシュフロー

r_e：自己資本コスト(自己資本に対して要求される収益率：株主の期待利回り)

r_d：負債利子率　　t：税率

a　フリー・キャッシュフロー

割引キャッシュフローモデルでは、負債と自己資本からなる企業全体の価値を推定するので、分子として用いるキャッシュフローは、債権者に分配する支払金利を控除する前の金額、かつ税金を控除した金額でなければならない。そのようなキャッシュフローはフリー・キャッシュフローと呼ばれる。

フリー・キャッシュフローを営業利益から求める場合

営業利益から税額を控除し、現金の支出を伴わない減価償却費を足し戻す。また、フリー・キャッシュフローは設備投資や運転資本への必要投資を行ったうえでの余剰資金を意味するので、これらも控除する。

フリー・キャッシュフローをキャッシュフロー計算書から求める場合

営業キャッシュフローと投資活動からのキャッシュフローを合計することで求められる。ただし、営業キャッシュフローから支払利息が控除されている場合には、利息の支払いによる節税効果を考慮したうえで足し戻す必要がある。

b　wacc（加重平均資本コスト）

分母として用いるwacc（加重平均資本コスト）は、負債価値のコストである負債利子率と株式価値のコストである自己資本コストを両者の相対的大きさでウェイト付けしたものである。負債利子は課税所得計算からは控除される（節税効果）ので、負債の実質的コストは負債利子率×（1－t）として計算される。また、ウェイト付けに用いる負債価値、株式価値はその時価を使用する。

割引配当モデルと同様に、フリー・キャッシュフローが将来にわたり一定であると予想できるならば、モデルはより簡単に表現できる。

$$企業価値 = \frac{CF}{wacc}$$

(三)　割引超過利益モデル（オールソン・モデル：Ohlson Model）

割引超過利益モデル（オールソン・モデル）は、J. A. Ohlson が Ohlson（1995）で示した企業評価モデルである。前期の自己資本に獲得した利益額を足し、そこから配当額を控除した額と当期の自己資本が一致することを表現したクリーン・サープラス関係が成立する場合、これを割引配当モデルに代入することによって得られる。超過利益とは、株主が企業に要求する収益率（自己資本コスト）以上に企業が獲得した利益のことを指し、期首の自己資本に自己資本コストを掛けて得られる正常利益を利益から控除して求められる。

a　クリーン・サープラス関係

$$BV_t = BV_{t-1} + X_t - D_t$$

b　超過利益

$$X_t^a \equiv X_t - r_e BV_{t-1}$$

Ⅰ　クリーン・サープラス関係をD_tで整理して割引配当モデルに代入し、

Ⅱ　超過利益の定義を用いて整理すると次式を得る。

$$株式価値 = BV_0 + \sum_{t=1}^{\infty} \frac{X_t^a}{(1+r_e)^t} = BV_0 + \frac{X_1^a}{1+r_e} + \frac{X_2^a}{(1+r_e)^2} + \cdots$$

ここで、

BV：自己資本、X：当期純利益、D：配当、X^a：超過利益、r_e：自己資本コスト

割引超過利益モデルでは、株主が拠出した自己資本額に、株主の期待以上に企業が稼得した利益（超過利益）の割引現在価値を加えることによって企業の株式価値が表現できることを表している。

割引配当モデルや割引キャッシュフローモデルと同様に、超過利益が将来にわたり一定であると予想できるならば、モデルはより簡単に表現できる。

$$株式価値 = BV_0 + \frac{X^a}{r_e}$$

※　以上の三つのモデルで計算する株式価値は、企業の発行した株式全体の価値（時価総額）を意味している。一株あたりの株式価値（株価）を計算する場合は、以下の方法を用いる。

Ⅰ　求めた株式価値を発行済総株式数で除して一株あたりの株式価値を導出する

Ⅱ　用いる数値を一株あたりの値に直して計算する

※　三つの企業評価モデルは基本的に相互に同じものであり、答えは一致する。

(2) PER・PBRと株式リターンとの関係

(一) PER（株価倍率：Price Earnings Ratio）

計算式

$$PER = \frac{株価}{EPS（一株あたり税引後当期純利益：Earnings\ Per\ Share）}$$

計算目的

PERは、株価が株主に帰属する利益である一株当たり税引後当期純利益の何倍の値を示すかを計算する指標である。PERは株価利益倍率ないしは株価収益率（株価が何%上昇したかを表す「株式リターン」と混同しないように注意）と呼ばれるときもある。PERは株価が市場において過大評価されているか、過小評価されているかを判断する際に用いられる指標である。

読み方

PERが高い場合、一株あたり利益額の大きさに比べて高い株価がつけられていることを意味し、株価が過大評価されていると解釈される。一方、PERが低い場合は、一株あたり利益額の大きさに比べて低い株価がつけられていることを意味し、株価が過小評価されていると解釈される。PERを参考に、ポートフォリオ作成や株式の売買が行われる。

(二) PBR(純資産倍率：Price Book-value Ratio)

計算式

$$PBR=\frac{株価}{BPS(1株あたり純資産額：Book\text{-}value\ Per\ Share)}$$

計算目的

PBRは、株価純資産倍率、ないしは時価簿価比率とも呼ばれる指標で、株価が一株あたりの利益の何倍の値を示すかを計算する指標である。PERと同様に、株価の過大評価・過小評価を測定するために用いられる指標である。

読み方

PERと同様に、PBRが小さければ株式が過小評価されていることを意味し、PBRが大きければ株価が過大評価されていることを意味する。PBRを参考に、ポートフォリオ作成や株式の売買が行われる。

(3) 会計情報と資本市場の反応

前項で、投資家が企業評価を行う際に用いるモデルについて概観した。しかし、現実に投資家が会計情報に基づいて企業評価を行い、その結果をもって意思決定を行っているのだろうか。このことは、実際の市場のデータを収集し分析することで(実証分析)確かめる必要がある。

このことを分析するための検証方法として、㈠会計情報の価値関連性の検証と、㈡会計情報の情報内容の検証の二つの方法が挙げられる。

㈠　会計情報の価値関連性の検証

これは、会計情報が株価形成に影響を及ぼす要素を反映しているか否かを問うものである。もし企業の利益の額が大き(小さ)ければ、キャッシュフローや配当の額もそれに応じて大きく(小さく)なると考えられる。従って、先の企業評価モデルを前提とすれば、利益の額が大き(小さ)ければ、それに応じて導出される企業価値の額も大きく(小さく)なると考えられる。以上より、企業の利益の額と企業価値(時価総額)との相関関係を調査することで、会計情報が投資家の企業評価に対して有用か否かが検証されることになる。

㈡　会計情報の情報内容の検証

先の企業評価モデルを前提とすれば、投資家は自らの期待に基づき、企業の将来利益や将来キャッシュフロー、将来配当を予想して企業評価を行っている。もし、企業が公表した会計情報が投資家の期待を変更させ、将来予想値を改訂させる力(情報内容)を持っているならば、市場で形成される株価は変化すると考えられる。つまり、企業が公表した会計情報が投資家の期待よりも良い内容(good news)ならば株価は上昇するであろうし、悪い内容(bad news)ならば株価は下落すると期待される。よって、企業が会計情報を公表する前後の株価の値動きを観察することによって、会計情報が情報内容を有するか否かが検証されることになる。

① 会計情報の意思決定有用性の検証における前提

会計情報の意思決定有用性に関する検証は、一九六八年のR. J. BallとP. Brownの研究以来、三〇年ほど研究がなされている。ここでは、㈠会計情報の価値関連性の検証に関する代表的な論文を概観する。

㈠ 会計情報に対する資本市場の反応

半強度の市場の効率性が成立するならば、公表された会計情報は全て即座に株価へ織り込まれてしまっていることになる。従って、会計情報が公表された時点で投資家の期待に比べて良い情報であったか、悪い情報であったかを区別しても、会計情報の公表による株価の反応は検証されない恐れがある。よって、会計情報に対する資本市場の反応の検証方法としては、あら

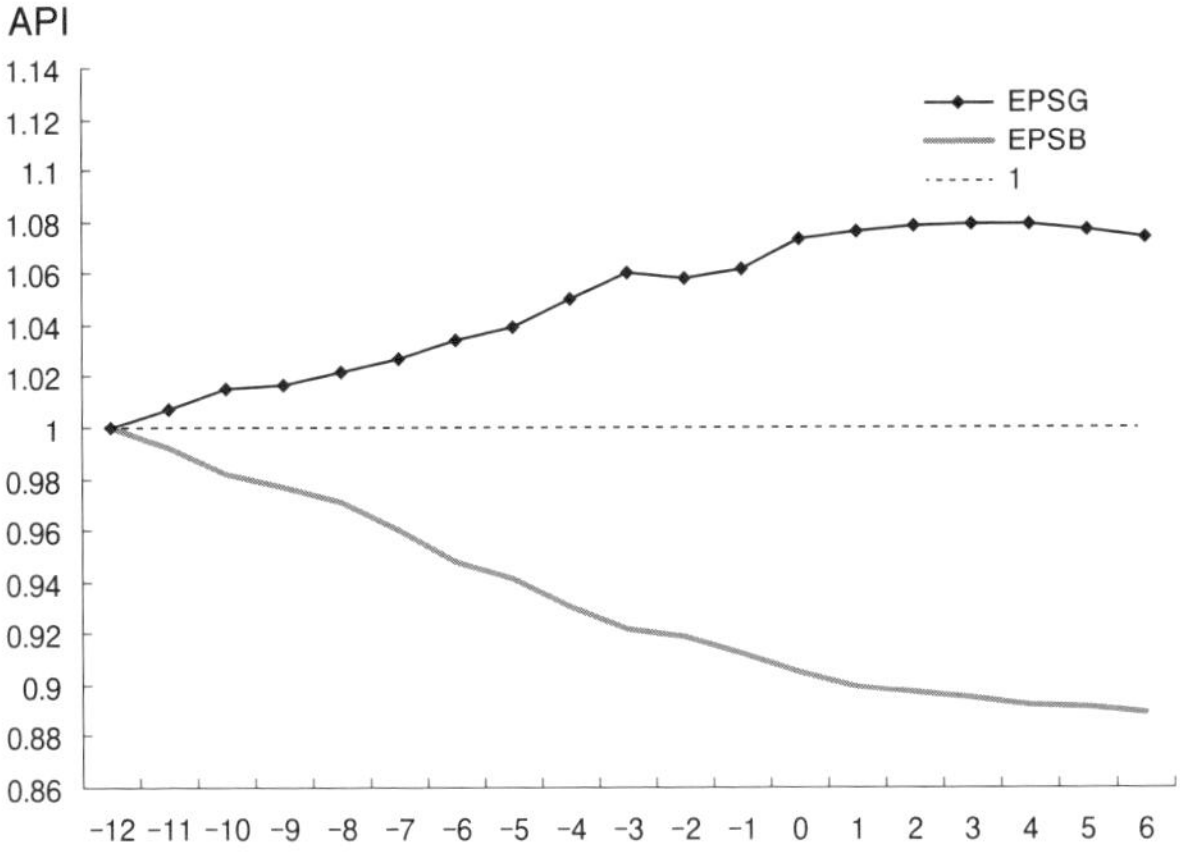

図3　決算発表の内容とAPIの推移

かじめ、公表された会計情報が投資家の期待に比べ良い情報であったか、悪い情報であったかを事後的な結果から区別し、会計情報公表の前後の株価の値動きを検証する方法が考えられる。

② 会計情報の意思決定有用性の検証例

(一) 会計情報の情報内容に関する研究

a Ball and Brown (1968) の研究

図3の横軸は、決算発表が行われた月を0とした、一年前から半年後までの月々を表現している。縦軸は、各企業の超過収益率に一を加えて累積した指標(API : Abnormal Price Index)の平均の推移を表す。上方の折れ線(EPSG)は前年よりもEPSが増加した企業群のAPIを表し、下方の折れ線(EPSB)は前年

よりもEPSが減少した企業群のAPIを表している。

この図からは、前年よりもEPSが増加した企業群のAPIは1を超え、この企業群への投資からは正の超過収益を獲得できるが、前年よりもEPSが減少した企業群のAPIは1を下回り、この企業群に対する投資からの収益は負になってしまっていることが分かる。この図からは、投資家はある年に企業が稼得したEPSをベンチマークとして、次年度の業績の善し悪しを評価していることが示唆される。すなわち、会計で測定される利益数字を市場は企業評価に関連させていることを意味する。

ただ興味深いことは、この図は、そのような超過収益率は決算発表月に一挙に得られるのではなく、一年を通して徐々に得られることを示している点である。会計だけが企業の経済的な情報を伝える媒体ではないこと、新聞・雑誌・TVその他の情報源を通じて市場は常に企業に関する期待を修正し続けていることを、この図は示唆している。同時に、会計以外の情報源による市場の期待形成の方向と、増益・減益といった会計による企業評価の方向は一致していることも知ることができる。

b　Beaver(1968)の研究

図4の横軸は分析の対象期間を示しており、決算発表が行われた週を0とする前後各8週を

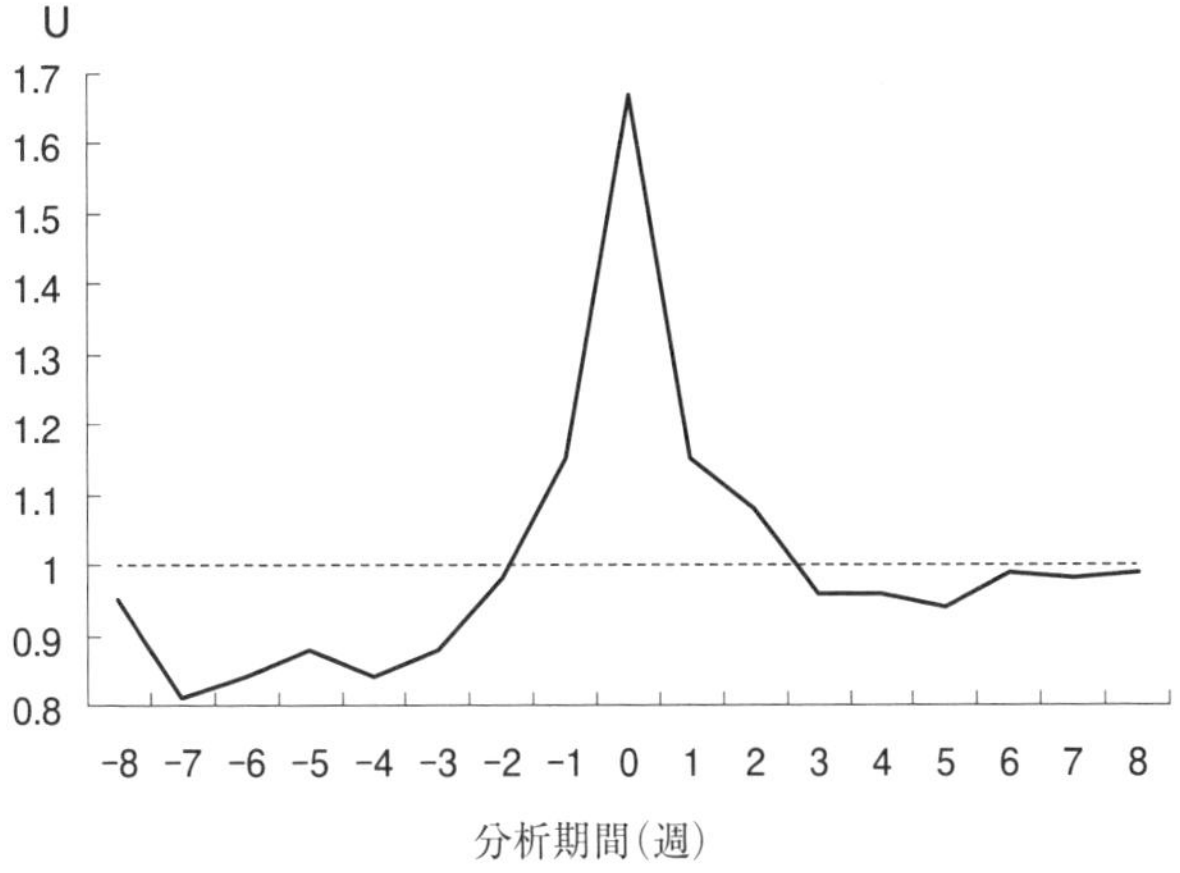

図４　決算発表週の資本市場の反応

表現している。縦軸は、資本市場全体の動きと連動する部分を除去した企業固有の要因による株式リターン（超過収益率）を、分析対象外の平均超過収益率で割った比（U）を表している。グラフに書かれているものは、各企業のUを計算し、この平均を取ったものである。

もし、決算発表によって公表された会計情報に基づいて投資家が意思決定を行うならば、決算発表週に大きな株価変化が起こるはずである。すなわち、決算発表により公表された会計情報が投資家の意思決定に有用ならば、決算発表が行われない分析対象外期間の超過収益率よりも、決算発表の週における超過収益率のほうが高く、Uは1を超える値をとると考えられる。

この図からは、決算発表の行われた週には

他の週に見られない大きな株価変化（厳密には特異な超過収益率）が生じていることがわかる。すなわち、市場は企業が開示した会計情報に直ちに反応して、当該企業に対する期待を修正し、新たな均衡価格を形成したことになる。このことは、投資家は公表された会計情報を企業価値評価における情報源の一つとして利用していることを意味する。

まとめ

これらの実証研究からわかるように、利益を中心とする会計情報（会計によってもたらされる情報）は、投資家をはじめとする様々な利害関係者の意思決定に役立つ。言い換えれば、会計情報は、社会・経済に対して大きなインパクトを与える重要な情報である。会計情報を理解する能力、すなわち、会社の貸借対照表や損益計算書などの財務諸表を読み解く能力は、社会・経済においてますます重要を増してきている。

参考文献

Ball, R. J. and P. Brown. 1968. An Empirical Evaluation of Accounting Income Numbers. Journal of Accounting Research. 6(2): 159–178.

Beaver, W. H. 1968. The Information Content of Annual Earnings Announcements. Empirical Research in Accounting: Selected Studies 1968. Supplement to Vol.6 of Journal of Accounting Research: 67–92.

注

（1）設定した目標値によって意思決定が影響されるので、目標値が対象企業にとって妥当な値であるか、また理論的に導出された値であるかに注意する必要がある。

（2）①時系列による財務数値の変化が、環境要因（景気循環・産業構造の変化）によっても大きく影響を受けていることを認識する必要がある。

②比較対象期間内において、企業が採用している会計方法の変更を考慮に入れる必要がある。

（3）①業種・上場部などの企業特性の差異を認識して分析を行う必要がある。

②採用している会計方法の企業間差異を認識して分析を行う必要がある。

（4）①科学的なモデルは、しばしばアルファベットやギリシア文字などの記号を用いた数式で表される。その際に、各記号の順序を表現する、同じ記号を用いた他の変数との違いを表現する、指数を表現するなどの目的で、下付の添え字（subscript）や、上付きの添え字（superscript）が付される場合がある。

例１：$a_1, a_2, a_3, a_4, a_5, \ldots$（aの一番目、aの二番目、aの三番目…）

例２：pとp^*（価格と均衡価格）、XとX^a（利益と超過利益［abnormal earnings］）

②Σ（シグマ）は、数列の和を表すために用いられる記号である。Σの上下で指定された記号と範囲に対して、順番に数字を当てはめていった数列の和を求めることを意味している。

例１：$= (3\times1-1)+(3\times2-1)+(3\times3-1)+(3\times4-1)+(3\times5-1)$

k＝1を代入　k＝2を代入　k＝3を代入　k＝4を代入　k＝5を代入

$=2+5+8+11+14=40$

③合理的な意思決定を行う場合、「今一万円もらえる」のと「一年後に一万円もらえる」のでは、どちらを選択すべきか。今一万円もらえば、預金することによって一年後には一万円以上の金額を手に入れることができる。利子率が一〇％とするならば、現在取得した一万円（この一万円のことを元本と呼ぶ）は、

一年後には千円の利子(一万円×一〇%)を含めて一万一千円になる。

このとき、現在の価値の一万円を現在価値(present value：PV)、将来の価値の一万一千円を将来価値(future value：FV)と呼ぶ。以上のように、現在の一万円と一年後の一万円は価値が違う一方、利子率が一〇%の状況では、現在の一万円と一年後の一万一千円は同じ価値を表すと考えられる。このような考え方を、貨幣の時間価値(time value of money)と呼ぶ。

成年後見制度の理論と実際

亀井隆太

はじめに

(1) 超高齢社会と認知症高齢者の増加

超高齢社会の今日、私たちは判断能力が低下した人が地域で安心して生活するために何ができるだろうか。またどのような方法があるだろうか。

高齢者の抱える問題には様々なものがあるが、生活上の問題(着替え、移動、食事、排泄、入浴、起床動作、買い物、洗濯)、住まいの問題、公共料金の支払い等の各種手続き、健康上の不安、医療・福祉(契約上のトラブルや、医療同意問題)、詐欺・消費者被害などが特に挙げられる。

内閣府「平成三〇年版高齢社会白書」によると、二〇一七年一〇月時点におけるわが国の総人口は一億二六七一万人である。その内六五歳以上の人は三五一五万人であり、総人口に占める割合（高齢化率）は二七・七％となっている。[1] 先進諸国の高齢化率と比較すると、わが国は一九八〇年代までは下位、九〇年代にはほぼ中位であったが、二〇〇五年には最も高い水準となり、今後も高水準を維持していくことが見込まれている。

このような高齢者の増加は、認知症高齢者の増加をもたらしている。六五歳以上の認知症高齢者数と有病率の将来推計については、二〇一二年は認知症高齢者数が四六二万人と、六五歳以上の高齢者の約七人に一人（有病率一五％）であったが、二〇二五年には約五人に一人になるとの推計もある。[2]

(2) 高齢者の見守り

このような中で、地域における高齢者の見守りが重要になってきている。見守りの主体は様々であるが、例えば、家族・親族、友人・知人、近所の人、社会福祉士、介護保険サービス事業者、民生委員、町内会・自治会、病院、在宅介護支援センター、地域包括支援センター、社会福祉協議会、消費生活センター、消費者安全確保地域協議会[3]、成年後見人等、企業（生活支援サービス）、警備会社、市区町村、警察などがある。見守りの内容、頻度、レベルは具体的な場面により様々であるが、これらの見守りのなり手が様々な方法により見守りを行うことによって、高齢者が住み慣れた地域で自分らしく生活できることが切に望まれる。

一　成年後見制度

(1)　成年後見制度の理念

本稿では、このような高齢者の見守りの役割も果たす成年後見制度について見て行きたい。

わが国の成年後見制度は、一九九九年一二月に成立した(施行二〇〇〇年四月)。それまでに存在した禁治産者制度から成年後見制度へと制度が転換されたのである。禁治産者制度は、保護を受ける本人を自らは行動できない者と固定的に捉え、立場の強い者が立場の弱い者に保護を与えるというパターナリズムの考え方に基づくものであった。これに対して、成年後見制度は、パターナリズムを排し、残存能力を尊重し、ノーマライゼーションや自己決定権の尊重等を理念とし、高齢社会において意思決定が困難な人の権利擁護の需要に対応するべく導入された[4]。

(2)　成年後見制度とは

成年後見制度には、法定後見制度と任意後見制度の二つがある。

①　法定後見制度

法定後見制度は、家庭裁判所によって選ばれた成年後見人等（成年後見人・保佐人・補助人）が、本人を代理して契約をしたり、本人が自分で契約をする同意を与えたり、本人がなした不利益な契約を後から取り消したりすることによって、本人を保護・支援する制度である。成年後見人等は、本人の生活・医療・介護・福祉など、本人の身のまわりの事柄にも目を配りながら本人を保護し、支援する。また、本人の財産の管理や、身上の監護を行う。成年後見人等はその事務について家庭裁判所に報告するなどして、家庭裁判所の監督を受ける。なお、成年後見人等の職務は本人の財産管理や契約などの法律行為に関するものに限られており、食事の世話や実際の介護などは、一般に成年後見人等の職務ではない。

② 任意後見制度

任意後見制度とは

任意後見制度は、本人に十分な判断能力があるうちに、将来、判断能力が不十分な状態になった場合に備えて、あらかじめ自らが選んだ代理人（任意後見人）に、自分の生活、療養看護や財産管理に関する事務について、代理権を与える契約（任意後見契約）を公証人の作成する公正証書で結んでおくというものである。そうすることで、本人の判断能力が低下した後に、任意後見人が、任意後見契約で決めた事務について、家庭裁判所が選任する任意後見監督人の監督のもと、本人を代理して契約などをすることによって、本人の意思にしたがった適切な保護・

支援をすることが可能になる。任意後見契約は任意後見監督人が選任された時からその効力を生ずる(任意後見契約に関する法律二条一号)。

任意後見契約の態様

任意後見には、①即効型、②移行型、③将来型の三つの利用形態がある。

即効型とは、任意後見契約の締結後、直ちに任意後見契約を発効させるというものである。判断能力が不十分な状態にある本人が法定後見よりも任意後見を希望する場合にこの類型が選ばれる。本人に意思能力があり任意後見契約を締結できることが前提となる。

次に、移行型とは、任意後見契約と同時に財産管理契約等を締結しておく類型である。本人に判断能力がある間は、財産管理契約等に基づき本人の便宜のために財産を管理してもらい、判断能力低下後は、任意後見監督人の選任の申立てを行うことで任意後見契約発効させ、任意後見に移行する形態である。この類型の問題点として、本人の判断能力が低下したにもかかわらず、任意後見受任者が監督なしで財産管理を続けるという問題が生じている。

そして、将来型とは、本人に十分な判断能力がある場合において、将来自己の判断能力が低下した時点ではじめて任意後見人により保護を受けるという形態である。立法担当者が予定していた本来の任意後見の形がこれである。任意後見契約発効までの間、判断能力を失った時期を見定めるために、見守り契約(ホームロイヤー契約)が締結されることがある。

(3) 成年後見制度による支援の方法

成年後見制度による支援の方法には次のようなものがある。

① 代理権

成年後見人等が本人に代わって法律行為(契約等)を行うというもので、例えば、預貯金やその他財産の管理、売買契約、施設入所契約を本人の代わりに行う。成年後見人には、財産に関する法律行為について包括的な代理権が与えられている(民法八五九条一項後段)。保佐人・補助人は審判で定められた特定の法律行為について本人を代理する(代理権が与えられた場合)(民法八七六条の四第一項、八七六条の九第一項)。任意後見人には、本人の生活・療養看護、財産管理に関して本人から委託された事務(全部または一部)について代理権が与えられる。

② 同意権

例えば、本人が借財、重要な財産の売買、新築・増築をするには保佐人・補助人の同意を得なければならないという仕組みにより本人の財産を保護するものである。保佐人・補助人は本人の意思を尊重しつつ同意するか否かを判断する。成年後見人には同意権はない。その理由は、本人が同意を得てもその通りの行為をするかどうか不明であるからであるとされる。

③ 取消権

例えば、本人が行った契約を成年後見人等が取り消すというものである。なお、任意後見人

表1　成年後見制度の利用者数
（成年後見・保佐・補助・任意後見の内訳）（2017年）

成年後見の利用者数	165,211人
保佐の利用者数	32,970人
補助の利用者数	9,593人
任意後見の利用者数	2,516人

には取消権は与えられていないと解されている。

二　成年後見制度の利用の状況

成年後見制度の利用の状況については、最高裁判所事務総局家庭局「成年後見関係事件の概況」が毎年詳細なデータを公表している。

(1)　成年後見制度の利用者数[5]

二〇一七年一二月末日現在における成年後見制度（成年後見・保佐・補助・任意後見）の利用者数は、二一万二二九〇人である。わが国の認知症患者数等に比して、また、諸外国における成年後見制度の利用者数と比べても、成年後見制度の利用者数は少なく、成年後見制度が財産管理や日常生活等に支障がある人々を支える制度であるにもかかわらず十分に活用されていないことが伺われる。

成年後見・保佐・補助・任意後見の内訳は上の通りである（表1）。

表２　成年後見制度申立ての動機(2017年)

預貯金等の管理・解約	29,477件
身上監護	13,312件
介護保険契約	7,007件

(2)　成年後見制度の申立ての動機

また、成年後見制度の申立ての動機としては、預貯金等の管理・解約が最も多く、次いで、身上監護となっている(平成二九年一月から一二月までに終局した後見開始、保佐開始、補助開始及び任意後見監督人選任事件の合計三五、四一七件の終局事件を対象。一件の終局事件について主な申立ての動機が複数ある場合があるため、総数は終局事件総数とは一致しない)[6](表２)。

三　成年後見制度の導入の成果

従来の禁治産者制度は本人の財産を管理するための制度と捉えられていたことに対して、二〇〇〇年四月に施行された新たな成年後見制度により、身上監護が導入された。成年後見制度は、成年後見人の財産管理の事務に加えて、身上監護の事務についても規定している。すなわち、現行民法八五八条は「成年後見人は、成年被後見人の生活、療養看護及び財産の管理に関する事務を行うに当たっては、成年被後見人の意思を尊重し、かつ、その心身の状態及び生活の状況に配慮しなければならない」と規定し、ここにいう生活・療養看護にかかる事務を身上監護と呼ぶことができるのである。このような文言から本人の生活・療養看護の支援にも対象を広げる成年後見制度の先進性を読み取ることができる。そもそも、本人の生活・活動を中心的に捉えずして財産管理を行うことなどは不可能であり、人間の尊厳の見地からも、身上監護のための財産管理を基本理念とするべきである。実務においても、新たな成年後見実務が形成され、関係者の尽力により、医療・福祉の関与、地域との接続、身上監護の重視といった旧制度には見られない新しい特色が備わってきた(以上につき、小賀野晶一『民法と成年後見法』成文堂、二〇一二年を参照)。

四　みずほ総合研究所調査

成年後見制度には、身上監護の導入など積極的な側面が存在するにもかかわらず、上で見たようにその利用は低迷している。その背景を知る貴重な手がかりとして、みずほ総合研究所「『認知症の人に対する家族等による預貯金・財産の管理支援に関する調査』調査レポート」(二〇一七年)[7]がある。

本調査は、二〇一六年一〇月六日～一二日の間におけるインターネットによるアンケート調査で、認知症の人に対する預貯金・財産の管理を支援したことのある四〇歳以上の男女二〇〇〇名を調査対象としている。

同調査の「認知症の方が預貯金の管理・財産の管理を家族・親族に支援してもらう必要がで

表3　みずほ総合研究所調査(1)

ATMの操作・利用が難しくなった	48.5%
お金の計算が難しくなった	46.1%
窓口での説明の理解が難しくなった	42.5%

てきたのは、なぜですか」との質問項目に対する回答は上の通りであった(表3)。

家族・親族による支援のきっかけとしては、ATMの操作・利用が最も割合が高く、ATM操作を家族が本人の代わりに操作を始めるところから本人の財産管理支援が始まる場合が多いことが伺われる。本調査レポートが言及しているように、家族の善意の支援であることが想定される反面、本人の意に反する場合などは経済的虐待につながるおそれもある。

また、成年後見制度の利用の状況については次頁のようであった(表4)。認知症の人に対する預貯金・財産の管理を支援したことのある人を対象とした調査であるにもかかわらず、「成年後見制度を利用している」と答えた人はわずか六・四%であった。また、「成年後見制度のことは知っているが利用するつもりはない」の回答が五五・四%であった。この調査結果の背景としては、本調査レポートが言及しているように、成年後見制度の利用に際しての手続きなどにおける厳格さ(後見等の開始の審判の手続きや開始後の家庭裁判所への報告義務)が家族らに敬遠されていることが考えられよう。

表4　みずほ総合研究所調査(2)

成年後見制度を利用している	6.4％
成年後見制度のことは知っているが利用するつもりはない	55.4％

五　成年後見制度の課題と成年後見制度利用促進

わが国の成年後見制度の課題については、多くの調査・論考があり様々な課題が指摘されている。その主なものとして、①利用者の低迷、②成年後見制度の利用により一定の職（公務員、警備員等）や資格（医師、介護士等）を失ってしまうという、いわゆる欠格条項の問題、③成年後見人等による医療同意の問題、④後見人の養成・支援の体制整備、⑤成年後見人等の財産管理における不祥事の問題が挙げられる。

(1)　成年後見制度利用促進法

様々な課題がある中で、「成年後見制度の利用の促進に関する法律」（成年後見制度利用促進法）が平成二八年四月一五日に公布、同年五月一三日に施行された。同法は、その基本理念と国の責務等を明らかにし、基本方針等を定めるとともに、成年後見制度利用促進会議及び成年後見制度利用促進委員会を設置すること等により、成年後見制度利用促進に関する施策を総合的かつ計画的に推進するとしている。この法律の目的は、「認知症、知的障害その他の精神上の障害があることにより財産の管理または日常生活等に支障がある者を社会全体で支え合うことが、高齢社会における喫緊の課題であり、かつ、共生社会の実現に資すること及び成年後見制度がこれらの者を支える重要な手段であるにもかかわらず十分に利用されていないことに鑑み、成年後見制度の利用の促進について、その基本理念を定め、国の責務等を明らかにし、及び基本方針その他の基本となる事項を定めるとともに、成年後見制度利用促進会議及び成年後見制度利用促進委員会を設置すること等により、成年後見制度の利用の促進に関する施策を総合的かつ計画的に推進する」ことにある(同法一条)。なお、成年後見制度利用促進に関する事務は、平成三〇年四月一日より内閣府から厚生労働省の担当となった。

本法は成年後見制度の基本理念につき、次の三点を挙げている。すなわち、①成年被後見人等が、成年被後見人等でない者と等しく、基本的人権を享有する個人としてその尊厳が重んぜられ、その尊厳にふさわしい生活を保障されるべきこと、②成年被後見人等の意思決定の支援が適切に行われるとともに、成年被後見人等の自発的意思が尊重されるべきこと、③成年被後見人等の財産の管理のみならず身上の保護が適切に行われるべきこと(同法三条参照)である。

(2) 成年後見制度利用促進計画

成年後見制度の利用の促進に関する法律一二条一項に基づき、成年後見制度利用促進計画が二〇一七年三月二四日に閣議決定された。これは成年後見制度の利用促進に関する施策を総合的・計画的に推進するために策定され、政府が講ずる成年後見制度利用促進策の最も基本的な計画として位置付けられている。

成年後見制度利用促進計画の主な点は次のようである。(8)

① 利用者がメリットを実感できる制度・運用の改善

•本人の意思・身上に配慮した後見事務を適切に行うことのできる後見人等を家庭裁判所が選任できるようにするための仕組の検討

•本人の権利擁護を十分に図る観点から、後見人等の交代を柔軟に行うことを可能とする環境の整備

•後見・保佐・補助の判別が適切になされるよう、医師が本人の置かれた家庭的・社会的状況も考慮しつつ適切な医学的判断を行える、診断書等の在り方の検討

② 権利擁護支援の地域連携ネットワークづくり

これは、各地域において、従来の保健・医療・福祉の連携だけでなく、新たに、司法も含めた連携の仕組みを構築するというもので、㈠本人に身近な親族や福祉・医療・地域の関係者と後見人等がチームとなって本人を見守る体制の整備(チーム対応)、㈡福祉・法律の専門職団体が協力して個別のチームを支援する仕組みの整備(「協議会」等の体制づくり)、㈢地域連携ネッ

トワークの整備・運営の中核となる機関（中核機関）の設置を内容とする。中核機関には地域における連携・対応強化の推進役としての役割が期待され、相談対応、チームの支援、協議会の開催、家庭裁判所との連携、後見人受任者調整等の支援等の機能を果たすことが期待されている。

③ 不正防止の徹底と利用しやすさとの調和

- 現行の後見制度支援信託に並立・代替する新たな方策（預貯金の適切な管理、払戻方法等）の検討
- 今後の専門職団体の対応強化等の検討状況を踏まえ、より効率的な不正防止のための方策を検討
- 移行型任意後見契約における不適切事例については、地域連携ネットワークでの発見・支援とともに、実務的な対応を検討

(3) 欠格条項の問題

二〇一八年一月に、成年後見制度の利用を開始したことによって、警備業法の規定により、警備会社を退職せざるをえなくなった人がこれは職業選択の自由の侵害であり違憲であるとして、国に対する損害賠償請求を行ったというニュースが報道された。現在、一八〇程度の法律

に、このような成年被後見人等を資格・職種・業務等から一律に排除する規定、いわゆる「欠格条項」が設けられている。

このような欠格条項は、ある資格・職種・業務等において一般に必要とされる能力と、本人の実際の能力を考慮せず、一律に排除する点で、不当な差別と言わざるをえない。また、本来、成年後見制度の利用が必要な人が、利用を避ける動機にもなってしまう。そもそもこのような欠格条項は、成年後見制度の理念であるノーマライゼーションの考え方にも矛盾している。

成年後見制度利用促進法は、欠格条項につき必要な見直しを行うことを定めた。すなわち、同法一一条二号は「成年被後見人等の人権が尊重され、成年被後見人等であることを理由に不当に差別されないよう、成年被後見人等の権利に係る制限が設けられている制度について検討を加え、必要な見直しを行う」と規定している。成年後見制度利用促進基本計画では、欠格条項が数多く存在していることが成年後見制度の利用を躊躇させる要因の一つになっていると指摘された。これらを踏まえ、政府は、欠格条項を設けている各制度について、心身の故障等の状況を個別的、実質的に審査し、各制度ごとに個別に必要な能力の有無を判断する規定へと適正化し、所要の手続規定を整備することとし、二〇一八年三月一三日、「成年被後見人等の権利の制限に係る措置の適正化等を図るための関係法律の整備に関する法律案」が閣議決定され、第一九六回通常国会に提出された。しかし、同国会は三二日間の会期延長を加えた会期一八二日をもって閉会し、同法案は成立しなかった。

六　ドイツとの比較

わが国の成年後見制度との比較対象として、ドイツの成年後見制度がしばしばとりあげられる（ドイツと日本では高齢化率が類似している）。

ドイツでは、一九九〇年一二月に世話法（Betreuungsgesetz）が成立し（一九九二年一月施行）、保護主義的性格の強い行為能力の剝奪・制限の宣告、成年後見、障害監護の三つの制度が廃止された。

Betreuung（世話）という言葉には、看護や付添いなどといった意味があるが、世話法の世話とは、法的な世話を指している。法的な世話とは、例えば、本人が入院する際における様々な手続きについて法的に手配するといったことであり、事実上行われる看護や介護は法的世話には含まれない。

世話制度の規定は、法律関係の内容そのものを定める実体法としてはドイツ民法に、手続法としてはドイツ家庭事件及び非訟事件の手続きに関する法律にそれぞれ定められている。

ドイツの世話手続の件数は、二〇一五年では一二七万六五三八件であった。(9)初めて選任された世話人（法定後見人）と、本人との関係別の件数・割合（二〇一六年）については、世話人となる者としては、家族が四三・八％、そして職業世話人が三九・四％と続く[10]（表5）。

これに対して、日本における成年後見人等（成年後見人、保佐人及び補助人）と本人との関係をみると、配偶者、親、子、兄弟姉妹及びその他親族が成年後見人等に選任されたものが全体の約二六・二％となっている。親族以外の第三者が成年後見人等に選任されたものは、全体の約七三・八％であり、親族が成年後見人等に選任されたものを上回っている[11]（表6）。

日本における第三者後見人の割合の高さは特異であると考えられ、家族で支え合うというわが国の伝統に照らして、その影響や是非については入念な検討が必要である。

表5　ドイツ：初めて選任された世話人と、本人との関係別の件数・割合（2016年）

家族	90,075件（43.8％）
家族を除いた名誉職世話人	18,414件（8.9％）
職業世話人	81,002件（39.4％）（弁護士15,749件、その他の職業65,253件）
協会世話人	15,258件（7.4％）
官庁世話人	182件（0.09％）
協会	193件（0.09％）
官庁	101件（0.05％）

次にドイツの任意後見について見てみよう。わが国の任意後見にあたるものとしてドイツには事前配慮代理（Vorsorgevollmacht）というものがある。事前配慮代理とは、将来において本人に世話の必要性が生じた場合のために行われる任意代理のことである。わが国の任意後見制度が「任意後見契約に関する法律」という民法の特別法によるのに対し、ドイツの任意後見は、

表6　日本：成年後見人等（成年後見人、保佐人及び補助人）と本人との関係（2017年）

配偶者、親、子、兄弟姉妹及びその他親族	約26.2%
親族以外の第三者	約73.8% （弁護士7,967件、司法書士9,982件、社会福祉士4,412件、市民後見人289件）

通常の任意代理の規定であるドイツ民法一六六条（法律行為により授与された代理権）以下に基づいている。

ドイツでは、二〇一八年六月三〇日現在で、約三九九万五〇〇〇件の事前配慮代理の登録がある。[12]登録は義務ではないことからすると、事前配慮代理権の授与自体はなお以て行われていることになる。

これに対して、日本では、二〇一六年九月にメディアが報じたところによると、任意後見契約公正証書の全国での年間作成件数が一万七七四件（二〇一五年）（統計を始めた二〇〇四年の作成件数は三五四七件）であり、また、先に見たように、現に任意後見契約が効力を生じた任意後見の利用者数は二五一六人（二〇一七年）となっている。

二〇〇五年、ドイツ連邦公証人会（Bundesnotarkammer）による中央事前配慮登録簿（Zentrales Vorsorgeregister）が開設された。中央事前配慮登録簿には事前配慮代理権を登録してもらうことができる。これによって、世話裁判所は、オンラインで中央事前配慮登録簿のデータを呼び出すことが可能になった。これにより、世話裁判所は事前配慮代理権の有無を確認でき、法定後見を回避できるのである（本人の意思の尊重）。世話裁判所は、電磁的方法、文書、電話により、登録の照会を受けることができる。

七　成本プロジェクト（意思決定サポートシステムの考え方）

成本迅京都府立医科大学教授を中心とする研究プロジェクトが、医療、介護、法律、金融、企業のそれぞれの実務と理論を基礎としながら、学際性を重視しつつ進行している。終了したものとしては、独立行政法人科学技術振興機構社会技術研究開発センター研究開発プロジェクト「認知症高齢者の医療選択をサポートするシステムの開発」（二〇一一年一〇～二〇一五年九月）があり、進行中のものとして独立行政法人科学技術振興機構革新的イノベーション創出プログラム「高齢者の地域生活を健康時から認知症に至るまで途切れなくサポートする法学、工学、医学を統合した社会技術開発拠点」、及び独立行政法人科学技術振興機構社会技術研究開発センター「安全な暮らしをつくる新しい公／私空間の構築」研究開発領域「高齢者の安全で自律的な経済活動を見守る社会的ネットワークの構築」がある。これらの研究は、医療、介護、社会福祉、心理学、工学、法学の研究者・実務家、金融その他の実業界の者らが共同で進めてきたものである。

成本プロジェクトの「意思決定サポートシステム」は、地域の人々が安心して生活を維持することをめざしている。そこでの支援の方法としては、代理権、取消権、同意権といった点の

表7　意思決定サポートシステムによる支援のイメージ

	意思決定サポートシステム	成年後見制度
支援	生活の不安・支障 生活のサポート 地域の連携	法律行為 代理権、同意権、取消権 成年後見制度等
判断能力	意思疎通能力	事理弁識能力
能力判定	簡易・迅速 対面・遠隔	医師の鑑定・診断 対面
手続	ガイドライン マニュアル	家裁の審判(法定後見) 契約・任意後見人の選任の審判(任意後見)
支援時期	事前及び事後	事後

小賀野晶一「高齢社会と民法地域における生活問題を解決するために」白門69巻2号22頁(2017年)を参照。

支援ではなく、支援を受ける本人と医療・福祉、金融機関、行政、小売店、その他のサービス産業に従事する地域の人々が対面・遠隔でつながる、継続的な見守りの機能を有する意思決定サポート支援による。意思決定サポートは健康時からの途切れのないサポートを予定している。また、広く社会的活動や生活の全体を対象に、能力判定の簡易化、弾力化をめざし、遠隔による能力判定も導入する(表7)。

成年後見制度を第一の道とした場合、意思決定サポートシステムの構築は、第二の道である。第一の道と第二の道は矛盾するものではなく、相互補完関係にある。

まとめにかえて

少子高齢、生産年齢人口の減少、三大都市圏への人口集中・過疎化が進展するわが国においては、人的資源を最大限に活用するべく、あらゆる分野で、地域で関わる各主体間、異なる分野の専門家間の情報の共有、連携、協働が増々重要となってきている。上で見たように、成年後見制度でも地域連携ネットワークの仕組みが構築されつつあり、チームによる支援、チーム力の向上が取り入れられていることに注目したい。

支援する人、支援される人双方にとって便利で合理的、負担のない社会システムの導入が必要であり（ただし、支援される人の利益が最重要視されなければならない）、新たな科学技術、すなわちＩｏＴ等によるイノベーションの創出、それに基づく意思決定サポートシステムの発展は大きな可能性を秘めていよう。このような社会システムには成年後見制度では救済されない人をも救済する役割が期待されている。現代社会における解決困難な課題も応えるべく、学際性を重視した研究及びその成果の社会実装は今後さらに重要な意義を有するであろう。

本稿ではここまで触れることができなかったが、自己決定権の概念と、日本の成年後見制度（他者による代理、取消し、同意を基本とする支援）との非両立性が今般指摘されている。障害者権利条約（わが国は二〇一四年に批准）は、法的能力の平等な享有を謳い（障害者権利条約一二条）、国連障害者権利委員会は本人の自己決定を阻害するような抑圧的な支援の方法（代理、取消し、同意の方法はこれに該当しうる）については障害者権利条約に抵触するとの見解を示している。

このことは、合理人を標準とする民法などの近代法制度が抜本的に見直される必要に迫られていることを示唆していよう。

本稿は、平成三〇年度横浜商科大学特別研究助成金に基づく研究成果の一部である。

参考文献
小賀野晶一『民法と成年後見法――人間の尊厳を求めて』(成文堂、二〇一二年)
小賀野晶一「高齢社会と民法――地域における生活問題を解決するために」白門六九巻二号二三頁(二〇一七年)
上山泰「成年後見制度利用促進基本計画を踏まえた今後の課題について」岡山大学法科大学院臨床法務研究二〇号(二〇一八年)
田山輝明編著『成年後見制度と障害者権利条約』(三省堂、二〇一二年)
成本迅「医療からみた日本における意思決定支援の課題と展望」千葉大学法学論集三〇巻一・二号(二〇一五年)
亀井隆太「ヨーロッパ・アメリカにおける成年後見制度」小賀野晶一・成本迅・藤田卓仙編『認知症と民法――公私で支える高齢者の地域生活　第一巻』(勁草書房、二〇一八年)
Münchener Kommentar zum Bürgerlichen Gesetzbuch, Bd.9, 7. Aufl., 2016

注
(1) なお、わが国の六五歳以上の高齢者人口は、一九五〇年には総人口の五%に満たなかった。
(2) 内閣府「平成二九年版高齢社会白書」(二〇一七年)。
(3) 改正消費者安全法の施行(二〇一六年)により消費者安全確保地域協議会(以下「協議会」という)(見守りネットワーク)の設置が可能となった。これは消費者被害防止に向けた地域で高齢者等を見守る仕組みとして注目される。この協議会のメリットとしては、同法一一条の四第三項に基づいて、被害防止のための個人情報の第三者提供が可能となったことが挙げられる。地方公共団体は、関係機関により構成される協議会を組織することができる。協議会を組織する関係機関として、病院、教育機関、消費生活協力団体または消費生活協力員、地域包括支援センター、医師、歯科医師、看護師、法テラス、弁護士、司法書士、学校、宅配事業者、配食サービス事業者等の事業者、金融機関などを構成員として加えることができる。協議会は、情報を交換や協議を行い、協議会の構成員は、消費生活上特に配慮を要する消費者と適当な接触を保ち、その状況を見守ることなど必要な取組を行う(消費者庁「改正消費者安全法の実施に係る地方消費者行政ガイドライン」二〇一五年、等参照)。

(4) 小林昭彦・大門匡・岩井伸晃『新成年後見制度の解説〔改訂版〕』(金融財政事情研究会、二〇一七年)二五頁以下参照。

(5) 最高裁判所事務総局家庭局「成年後見関係事件の概況——平成二九年一月～一二月」(二〇一八年)。

(6) 前掲「成年後見関係事件の概況——平成二九年一月～一二月」(二〇一八年)。

(7) https://www.mizuho-ir.co.jp/publication/report/2017/pdf/ninchisho1705.pdf(最終確認、二〇一八年一〇月一日)。

(8) 内閣府「成年後見制度利用促進基本計画のポイント」参照。http://www.cao.go.jp/seinenkouken/keikaku/pdf/keikaku3.pdf(最終確認、二〇一八年一〇月一日)。

(9) Betreuungszahlen 2015, https://www.bundesanzeiger-verlag.de/fileadmin/BT-Prax/downloads/Statistik_Betreuungszahlen/2015/Betreuungsstatistik_2015.pdf(最終確認、二〇一八年一〇月一日)。

(10) ドイツ連邦司法庁ウェブサイト上の統計資料による。https://www.bundesjustizamt.de/DE/Themen/Buergerdienste/Justizstatistik/Betreuung/Betreuung_node.html(最終確認、二〇一八年一〇月一日)。

(11) 前掲「成年後見関係事件の概況——平成二九年一月～一二月」(二〇一八年)。

(12) ZVR-Statistik 2018, http://www.vorsorgeregister.de/Presse/Statistik/2018/index.php(最終確認、二〇一八年一〇月一日)。

高齢化社会と消費税
――消費税増税と私たちの生活――

佐藤義文

はじめに

本年(二〇一九年)一〇月、消費税の税率が一〇パーセントに引き上げられる。そもそも消費税は、平成元年四月一日、直接税と間接税の比率、つまり、直間比率を是正するために導入されたものである。当初は、税率三パーセントで、すべて国税であった。

わが国における租税の歴史は、一八四年の収穫物の一部としての年貢が始まりとされている。貢《みつぎ》、役《えだち》等の現物納付であった。その後、種々の歴史的変遷を経て今日に至っているが、少なくとも昭和二二年の所得税「納税申告制度」導入まで、約二四〇〇年間「賦課課税制度」が続いていた。換言すれば、国・荘園領主が国民・民に税を割り当てていたのである。このような税制度が脈々とわれわれの血液の中に流れている。そのような歴史的背景を下に、税に対する国民のアレルギーはまだまだ払拭することができているとはいえない中で、消費税導入という歴史的大変革が実行され、すでに三〇年が経過し、さらに、その税率が引き上げられようとしている情況に、われわれの経済生活はどのように変わるのか、誠に興味深く、また、意義深いテーマでもある。

消費税は、間接税であり、納税義務者(事業者)と担税者(消費者)が異なるものである。消費税導入と同時に物品税が廃止され、高級品課税から、広く薄く課税するようになった。その背景には、財政収支の赤字、国債の未償却残高等、国の長期債務の増加を押さえ、さらに、長期債務の縮減を目指しているものである。現在の財政赤字を次世代へそのまま引き継ぐのではなく、少しでも減額して引き継ごうという政府方針である。

少子高齢化が急激に進む中で、福祉予算が激増する一方、一〇〇〇兆円を超える国と地方の長期債務の縮減を行わなければならない現状で、消費税の増税により、私たちの経済生活がどのようになるかについて、以下、検討・分析することとする。

一　消費税

(1)　消費税の推移

平成元年四月一日、直間比率（直接税と間接税の比率）（次頁表1）の税制を主目的に消費税法が施行され、税制度の大きな転換が図られた。

当初の税率は三パーセントで、すべて国税であった。また、前々年度または前々年分の課税売上が三〇〇〇万円以下の場合は、免税事業者とされ、消費税の納税が免除されていた。さらに、前々年度または前々年分の課税売上が四億円以下の場合には簡易課税(1)を選択することができた。

平成九年四月一日に消費税法の改正により、税率が五パーセントに引き上げられた。税率については、消費税四パーセント、地方消費税一パーセントである。また、前々年度または前々年分の課税売上が三〇〇〇万円以下の場合は、従来どおり免税事業者とされ、消費税の納税が免除されていた。さらに、前々年度または前々年分の課税売上が二億円以下の場合には簡易課税を選択することができることとなった。

平成一六年四月一日からは、前々年度または前々年分の課税売上が一〇〇〇万円以下の場合は、免税事業者と法改正され、消費税の納税が免除された。さらに、前々年度または前々年分の課税売上が五〇〇〇万円以下の場合には簡易課税が選択することに法改正された。

表1　直接税・間接税・消費税の推移

直接税・間接税比率

	昭和55	昭和60	平成2	平成7	平成12	平成17	平成22	平成27
直接税	71.1	72.9	73.7	66.1	61.3	60.2	56.3	55.2
間接税	28.9	27.1	26.3	33.9	38.7	39.8	43.7	44.8

直接税・間接税税収額　〈単位：兆円〉

	昭和55	昭和60	平成2	平成7	平成12	平成17	平成22	平成27
直接税	20.2	28.5	46.3	36.4	32.3	31.5	24.6	31.1
間接税	8.2	10.6	16.5	18.6	20.4	20.8	19.1	26.0
合　計	28.4	39.1	62.8	55.0	52.7	52.3	43.7	58.1

消費税税収額　〈単位：兆円〉

	昭和55	昭和60	平成2	平成7	平成12	平成17	平成22	平成27
消費税	—	—	4.6	5.8	9.8	10.6	10.0	17.1

（出典）江島一彦『図説日本の税制』（財経詳報社・平成27年）357頁以下。

平成二六年四月一日からは、税率が八パーセントに引き上げられた。税率については、消費税六・三パーセント、地方消費税一・七パーセントである。免税事業者および簡易課税選択の課税売上基準は従来どおりで改正はなされなかった。

本年一〇月一日からは、税率が一〇パーセントに引き上げられることが決定している。税率については、消費税七・八パーセント、地方消費税二・二パーセントである。免税事業者及び簡易課税選択の課税売上基準については改正がない。

(2)　消費税の納税額

消費税の納税額については、課税売上による消費税額から課税仕入による消費税額

表2　主要国の標準消費税率

〈単位：%〉

	フランス	イタリア	ドイツ	イギリス	スウェーデン	ハンガリー
標準税率	20.0	22.0	19.0	20.0	25.0	27.0
軽減税率	5.5	10.0	7.0	0	12.0	18.0

（出典）吉沢浩二郎『図説日本の税制』（財経詳報社、平成30年）329頁以下。

を差し引いた差額が納税額となる。もちろん、課税仕入額が課税売上額を超えた場合には、当該消費税額は還付となる。

つまり課税売上額二〇〇〇万円（消費税込）の場合には、二〇〇〇万円に一〇八分の八を乗じて一、四八一、四八一円の仮受消費税額を算出する。課税仕入額一五〇〇万円の場合には、一五〇〇万円に一〇八分の八を乗じて一、一一一、一一一円の仮払消費税額を算出する。仮受消費税額一、四八一、四八一円から仮払消費税額一、一一一、一一一円を差し引いた三七〇、三七〇円が未払消費税額、つまり、消費税の納税額となる。

言うまでもなく、消費税は間接税であり、担税者と納税者が同一ではない。すなわち、消費税の担税者は消費者等であり、納税者は事業者である。

(3)　諸外国に見る消費税

諸外国の付加価値税あるいは消費税の標準税率と軽減税率を概観すると以下（表2）のとおりである。

フランスは、標準税率が二〇・〇パーセント。旅客輸送、肥料、宿泊施設の利用、外食、サービス等の軽減税率は一〇・〇パーセント。書籍、食料品、水道水、スポーツ観戦、映画等の軽減税率は五・五パーセント。新聞、雑誌、医療等は二・一パーセントである。ちなみに、土地の譲渡(新築建物の建築用地を除く)・賃貸、中古建物の譲渡・賃貸、金融、保険、医療、教育、郵便等は非課税である。

ドイツは、標準税率が一九・〇パーセント。食料品、水道水、新聞、雑誌、書籍、旅客輸送、宿泊施設の利用、スポーツ観戦、映画等の軽減税率は七・〇パーセントである。また、土地の譲渡・賃貸、中古建物の譲渡・賃貸、金融、保険、医療、教育、郵便等は非課税である。

イギリスは、標準税率が二〇・〇パーセント。家庭用燃料及び電力等の軽減税率は五パーセントであり、食料品、水道水(家庭用)、新聞、雑誌、書籍、国内旅客輸送、医薬品、居住用建物の建築(土地を含む)、新築建物の譲渡(土地を含む)、障害者用機器等についてはゼロ税率である。また、土地の譲渡(新築建物の建築用地を除く)・賃貸、中古建物の譲渡・賃貸、金融、保険、医療、教育、郵便、福祉等は非課税である。

スウェーデンは、標準税率が二五・〇パーセント。食料品、宿泊施設の利用、外食サービス利用等の軽減税率は一二・〇パーセント。新聞、雑誌、書籍、旅客輸送、スポーツ観戦、映画等の軽減税率は六・〇パーセントであり、医薬品等はゼロ税率である。また、土地の譲渡・賃貸、中古建物の譲渡・賃貸、金融、保険、医療、教育、福祉等は非課税である。

なお、イタリアは、標準税率が二二・〇パーセントで軽減税率は一〇・〇パーセントである。

ハンガリーは、標準税率が二七・〇パーセントであり、軽減税率は一八・〇パーセントである。(2)

以上のとおり、諸外国においては、標準税率が比較的高く、一方、軽減税率またはゼロ税率の課税品目が幅広く、その税率は相対的に低いことが顕著である。

このような情況に鑑みると、わが国において、標準税率一〇・〇パーセントに対して軽減税率八・〇パーセントというのは、余りにも差がないように思われる。つまり、標準税率と軽減税率との差が二・〇パーセントしかないのである。消費支出が二〇〇万円の場合でも税額で年間二〇、二〇二円の軽減にしかならないのである(後出表3参照)。

つまり、軽減税率適用ではなく、ゼロ税率または非課税品目を設ける方が、消費生活にはより効果的であると考える。換言すれば、課税品目かゼロ税率品目ないし非課税品目かの区別だけで良いことになる。

このことは、最終小売店での購買行為をも簡素にすることができ、より複雑な事務処理を避けることができ、経済活動に与える影響も少なくてすむ利点もあると考えられる。

二　租税負担の理論

また、国民に租税負担を求める場合の思想的背景には、利益説（benefit principle, profit principle）と能力説（ability-to-pay principle）とがある[3]。

利益説（応益説または応益原理）は、一七～一八世紀の古典的な思考であり、租税は何に応じて負担するかについて、国家の供給する財・サービスによって、国民各自が受ける利益に応じて課税しようとする思考である。この説によれば、国家から受ける利益ないし便宜に対応して租税負担を決定しようとするものである。現在のわが国の税制のなかでは、地方税の一部（住民税及び法人住民税の均等割等）にこの考え方が妥当している。

他方、能力説（応能原理）は、国民の能力に応じて租税負担を求めることが公平であると思考するもので、この場合の尺度としての能力は、所得であり、包括所得概念によっているものである。すなわち、個々の資産及び生活状況を考慮して、支払可能な租税負担を決定するものであり、財産税については、保有資産にその租税負担能力があるとして課税するものである。つまり、垂直的公平による応能負担の原理である。現在のわが国の税制、とりわけ国税（所得税・法人税等）の中核をなすものであり現代的思考である。

三　所得概念

法人税及び所得税の課税物件は、いうまでもなく所得である。この所得については、次の二つの考え方が存在する。

制限的所得概念（所得源泉説）は、一定の源泉から生ずるものだけを所得と認識し、所得税の課税所得とするものである。したがって、資産、事業、労働等の源泉から生ずる所得のみが課税対象たる所得であるとする考え方である。つまり、所得の発生源泉の経常性、反復性を重視し、偶発的、非回帰的性質を所得概念から除外するものである。この説によれば、相続、贈与、富くじ、事業活動以外の資産譲渡による一時的、臨時的な利得は所得に含めないとするものである。資本的資産利益（capital gain）も所得を構成しないとする考え方である。(4)

一方、包括的所得概念（純財産増加説または純資産増加説）は、期首の財産額に対する期末の財産額の増加分及び期中の消費額を加算したものが所得であるとするものである。換言すれば、一定期間における純財産の増加分が課税対象たる所得であるとする考え方である。つまり、一定期間における純財産（または持分）の増加として所得を認識するものである。この説は、担税力に着目した所得認識であり、一時所得や譲渡所得、資本的資産利益も所得と認識する考え方である。(5)

わが国における法人税法及び所得税法における所得概念は、包括的所得概念（純財産増加説または純資産増加説）をとっている。したがって、いかなる所得であっても、純財産（または純資産）が増加すれば所得と認識し、課税物件または課税標準を構成することとなる。

四　租税負担の基本原理

租税負担の公平、つまり、租税の公平負担とは、国民である納税義務者または納税者が等しくその財産的負担を負うものである。とはいえ、平等ないし同額の金銭的負担を意味するものではなく、公平に負担すべきものである。すなわち、各人の担税力に応じた金銭的負担を意味するものである。

また、租税の公平負担は、憲法第一四条（法の下の平等）にその根拠を求めることができる。同条第一項は、「すべて国民は、法の下に平等であって、人種、信条、性別、社会的身分又は門地により、政治的、経済的又は社会的関係において、差別されない」と規定している。この規定は、国民である納税義務者または納税者に税負担を求める場合の基本原則であり、租税法規を立法する上においても十分配慮されなければならないものである。この原則を一般に、租税公平負担の原則と呼んでいる。なお、租税の負担方法においては、各人の担税力に応じた負担を基本としており、この原則を租税応能負担の原則と呼んでいる。この、租税応能負担の原則は、憲法第二五条（国民の生存権）にその根拠を求めることができるとされており、同条第一項は、「すべて国民は、健康で文化的な最低限度の生活を営む権利を有する」と規定している。つまり、租税負担を求めるその源泉がなければ、租税負担を求めることはできないとする原則である。

ところで、租税の公平負担にいう公平とは、垂直的公平水平的公平の二側面があると考えられている。(6)

垂直的公平とは、高所得者は低所得者に比して高額の租税負担をすべきものであるとするもので、担税力に着目した公平である。また、水平的公平とは、同額の所得者は同額の租税負担をすべきものであるとするもので、ある意味においての平等に着目した公平であると考えられる。なお、租税法における平等については、種々議論の存するところであるが、憲法第一四条(法の下の平等)の規定により、租税法規の立法上及び租税執行上において、本質的な同一事象を恣意的に異なる取扱いをしてはならないことを意味し、また、本質的に異なる事象を恣意的に同一に取扱うことを禁止しているものである。

そもそも、租税は、国家財政に組み込まれているものではあるが、国民の財産権を侵害する租税負担については、国民主権の立場を貫き、国民ひいては納税義務者から見た公平を確保すべきである。当然に、租税法規にその根拠を求めなければならないことは、いうまでもないことではあるが、立法面においても、租税公平負担を貫徹する租税法規でなければならないと考

える。(7)

五　租税負担の方法と今後の課題

(1)　消費税の税負担は公平か

税負担の時期は、一般的にどの時点で税負担を求めるかということである。収入時に所得税等の負担をするか、支出時に消費税等の負担をするか、財産保有時に資産税等として負担するかの問題である。収入時に所得税等で税負担する場合、応能負担となり、公平性は担保されるものの、超過累進税率によるため高所得者の税負担が重くなり、勤労意欲の低下または喪失という問題が生じる可能性が高いとされている。一方、支出時に消費税等の税負担を求める場合には、消費事実に即した税負担であり、支出面の公平性が担保されるものの、所得の逆進性が問題とされる。つまり、高所得者の消費税負担率(所得金額に対する消費税額の割合)に対比して、低所得者の消費税負担率が高くなるということである。さらに、資産の保有時に税負担を求める場合、資産取得時に負担する固定資産取得税等は、資産を取得すること自体に担税力があるとされているが、毎年負担する固定資産税等についてはその負担の理論的根拠がみあたらないのではないかという問題がある。

すでに述べたとおり、消費税の税負担については、支出面の公平性があるものの、所得の逆

表3　消費税増税に伴う負担額(年額試算)

〈単位：円〉

	消費税率 5％	消費税率 8％	消費税率 10％	負担率／年収	
				8％	10％
年収10,000万円 (負担増)	714,286	1,111,111 (+396,825)	1,363,636 (+649,350)	1.11％	1.36％
年収 5,000万円 (負担増)	476,190	740,741 (+264,551)	909,091 (+432,901)	1.48％	1.82％
年収 1,000万円 (負担増)	238,095	370,370 (+132,275)	454,545 (+216,450)	3.70％	4.55％
年収 421.6万円 平均年収 (負担増)	120,475	187,377 (+66,920)	229,963 (+109,506)		
年収 300万円 (負担増)	85,714	133,333 (+47,619)	163,636 (+77,922)	4.44％	5.45％
年収 200万円 (負担増)	57,143	88,889 (+31,746)	109,091 (+51,948)		

(注1) 給与収入のうち、消費税が課税される消費支出を年収10,000万円の場合は15％、年収5,000万円の場合は20％、年収1,000万円の場合は50％、年収421.6万円・年収300万円・200万円の場合は60％と仮定して試算。
(注2) (　　)内の金額は、税率5％を基準としての消費税負担増の金額。
(注3) 円未満四捨五入。
(注4) 上記試算額は、横浜商科大学教授：佐藤義文による。

進性という問題が指摘されている。

(2) 消費税増税で私たちの生活はどうなるか

消費税の増税によって私たちの生活はどうなるのかを試算したものが表3である。これは消費税率が五パーセントから八パーセントに引き上げられた時の試算である。年収二〇〇万円の場合には、消費税率五パーセントを基準にすると、八パーセントでは、三一、七四六円増の八八、八八九円となる、また、年収三〇〇万円の場合には、四七、六一九円増の一三三、三三三円となる。さらに、給与所得者の平均年収である四、二一六、〇〇〇円の場合には、六六、九二〇円増の一八七、三七七円となる。

消費税は、平均課税であることから、所得が高くても、所得が低くても適用される率は同じである。年収が一億円であっても、年収二〇〇万円であっても消費税の適用税率は同じである。つまり、支出面においては公平な課税であるとされている。また、家計の支出から見れば、所得の高い方が可処分所得のうち家計の支出比率が小さくなる。一方、年収二〇〇万円の場合には、可処分所得のうち家計の支出比率が高くなる。つまり、貯蓄（＝投資）への支出比率が小さいのである。換言すれば、年収が高い場合には、貯蓄（＝投資）へ振り向ける比率が高くなり、年収が低い場合には、貯蓄（＝投資）へ振り向ける比率が低くなるのである。年収が高い場合には、消費税率が上がっても、その増税分を貯蓄に振り向ける分から消費支出分へ振り替えればすむのである。しかし、年収の低い場合には、貯蓄（＝投資）へ振り向ける比率が低いか、または、ない場合があり、その増税分を貯蓄に振り向ける分から消費支出分へ振り替えることができないのである。つまり、増税分のすべてを消費支出内ですませなければならないため、自ずと消費支出を押さえて消費税増税分を賄わなければならないということになる。換言すれば、低所得者ほど消費税増税の影響を受けるということである。

(3) 軽減税率を適用するか、食料品等非課税品目を設けるか

消費税の軽減税率は、現在のところ、八パーセントとされている。基本税率は、一〇パーセントであり、その差はわずか二パーセントである。この二パーセントの差異で消費生活にほとんど影響がないと言わざるを得ない。また、付加価値税の課税対象となる取引は、一般的に国内で行われた有償の財貨の引渡し、サービスの提供及び財貨の輸入であるとされている。これらの取引を行うことによってその納税義務を負うことになり、原則として、すべての財貨及びサービスを課税対象としているが、消費課税になじまない取引または社会政策的配慮から諸外国においては非課税として取り扱っている品目が多くある。例えば、医療、教育、金融、保険等である。(8)

このような現状からすれば、軽減税率を適用するよりは、非課税品目を設ける方が簡素・明確になると考える。わずか二パーセントの差の軽減税率を適用して、小売店等の事業者の事務量が増大することを考慮すれば、課税・非課税の区別だけの非課税品目を設けた方がよいと考える。この問題についての指摘はほとんど見られないが、消費税の納税者(事業者)の事務量増大についても注視しなければならないと考える。食料品等(生活必需品)については、非課税とし、課税・非課税の区別のみとし、より簡素・明確な消費税負担にすべきであると考える。

(4) 今後増大する社会保障費負担

平成三〇年度末(予算)における国及び地方の長期債務残高は、国が九一五億円で地方が一九二億円、合計で一、一〇七億円の見込みである。国民一人当たり八七四万円になる計算である。(9)単純に国民一人当たりで計算することはできないが、この国及び地方公共団体の長期債務は、増大の一途を辿っており、減少する傾向にはないと言える。国民資産約一五〇〇兆円から国及び地方公共団体の長期債務を差し引けば残余が出るとの政府の見解はあるものの、果たしてそのような議論では長期債務の減少政策が進むかという議論もある。つまり、長期債務を減少させる根本的な政策が必要になると考えられる。そのために、消費税増税の議論がなされてきたが、一方、福祉予算に充てる議論も起きている。いずれにせよ、わが国の国及び地方公共団体の長期債務残高を減少させる政策がまずもって優先されなければならないし、政府もそのようなスタンスで政策を検討しているところである。そのためには、歳出削減を図ってから増税をすべきであるという議論もあるが、長期債務を減少させることがまずもって優先されるべきである。われわれの次世代にその負の遺産を引き継ぐにしても、最小限にすべきことは言うまでもないことである。

総務省統計局(平成三〇年一月二二日)によると、概算値で六五歳以上の高齢者は全人口の二七・八パーセントである。平成二六年九月一四日の厚生労働省の発表では、高齢者は全人口の二五・九パーセント（約三二九六万人）である。毎年、高齢者率は増加している。平成二五年（二〇一三年）には二五・一パーセント（四人に一人）、平成四七年（二〇三五年）には三三・四パーセント（三人に一人）、平成七二年（二〇六〇年）には三九・九パーセント（二・五人に一人）になると推計されている。また、昭和二五年（一九五〇年）には現役世代一〇人で高齢者一人を支えており、平成二二年（二〇一〇年）には現役世代二・六人で高齢者一人を支えているとされている。さらに、平成七二年（二〇六〇年）には現役世代一・二人で高齢者一人を支える時代が来ると推計されている。

このように、今後のわが国における高齢化社会の社会保障費負担を考えると、税負担の見直しを検討せざるを得ない情況であることは事実である。したがって、歳出面の削減問題はあるものの、今後の税負担の増加は避けられないのは事実である。

そのような情況で、私たちの経済生活はどうなるのか、また、どうすべきなのか真剣に考える時期にきていると言える。

おわりに

消費税増税による私たちの経済生活について考察してきたが、当初の思いどおりに検討できたかは多少の疑問が残る。しかし、本年一〇月一日に消費税の税率が八パーセントから一〇パーセントに引き上げられることは確実となった。そのような情況の中で、われわれはどのような社会生活、経済生活を行えばよいかについての道筋は、果たして提示することができたであろうか。

今後、ますます増大する国及び地方の長期債務残高、少子高齢化に伴う国民負担の増大、一向に進まない財政収支の均衡(プライマリーバランス)等々、われわれ国民の負担増が進む中で、私たちはどのような経済生活を行えばよいのか明確な解答を導き出すことは困難な情況にあることは間違えのないことである。とはいえ、日々生活をしなければならないわれわれ国民が直面する消費税の負担増を克服する術を見出さなければならない。

今回の統一テーマである「高齢化社会における経済生活」について、今後も研究・検討・分析を進め、正解のない解答を導き出さなければならないと考える。とくに、少子高齢化社会における今後の税負担増に注目しなければならないと考えられる。

注

(1) 中小企業者で、簡易課税制度選択届出書を提出した事業者は、課税標準額に対する消費税額から控除すべき仕入れに係る消費税額を、原則にかかわらず「みなし仕入率」によって計算した金額とする制度である。

(2) 吉沢浩二郎編著『図説日本の税制(平成三〇年度版)』財経詳報社、三二九～三三一頁を参照。

(3) 佐藤進『新版財政学』税務経理協会、一三四頁以下、川崎昭典『財政学』弘文堂、三六頁以下、拙稿「租税法律主義と租税公平負担」『横浜商大論集』第三〇巻第二号、八二頁以下を参照。
(4) 清永敬次『税法(新装版)』ミネルヴァ書房、八一頁以下を参照。
(5) 清永敬次、前掲書、八一頁以下を参照。
(6) 田中二郎『租税法(新版)』有斐閣、三七頁以下を参照。
(7) 吉沢浩二郎、前掲書、三二九〜三三一頁を参照。
(8) 同右。
(9) 財務省・財務関係基礎データ(平成三〇年四月)「国及び地方の長期債務残高」。

執筆者紹介（執筆順）

佐藤義文（さとう　よしふみ）教授・租税法
岩倉由貴（いわくら　ゆき）准教授・マーケティング・ペット産業に関する研究
小林二三夫（こばやし　ふみお）特任教授・流通小売・貿易・国際マーケティング
佐藤浩之（さとう　ひろゆき）専任講師・経済政策・産業組織論
遠谷貴裕（とおや　たかひろ）専任講師・財務会計情報
亀井隆太（かめい　りゅうた）准教授・民法・環境法

平成三一年三月二五日　印刷
平成三一年三月三〇日　発行

高齢化社会における経済生活

編　者　横浜商科大学公開講座委員会
発行者　岸村正路
発行所　株式会社　南窓社
東京都千代田区西神田二丁目四番六号
電話　〇三―三二六一―七六一七
E-mail　nanso@nn.iij4u.or.jp
振替　〇〇一一〇―〇―九六三六二

ISBN978-4-8165-0447-1

横浜商科大学公開講座

1．情報化と社会
（日本図書館協会選定図書）
本体2000円

2．環境変化と組織・人間
（日本図書館協会選定図書）
本体2000円

3．転換期を考える
本体2000円

4．国際化時代の日本社会
本体2000円

5．「豊かさ」と社会
（日本図書館協会選定図書）
本体2800円

6．90年代の経済と市民
本体2300円

7．激動の時代を生きる
本体2621円

8．これからの世界と日本
本体3107円

9．新しい国際秩序と日本の役割
本体3107円

10．変革と挑戦の時代
本体3500円

11．日本の「いま」を問う
本体2900円

横浜商科大学公開講座

12. 転機に立つ日本
本体2800円

13. 日本の課題
本体2600円

14. 世紀転換期のビジネスと社会
本体2600円

15. 人と地球環境との調和
本体2600円

16. 21世紀へのツーリズム
本体2700円

17. 危機の時代と危機管理
本体2700円

18. IT 革命と新世紀の社会
本体2700円

19. 再考・東アジアの21世紀
本体2800円

20. グローバリゼーションの衝撃と課題
本体2800円

21. 民主主義の現在
本体2700円

22. 暮らしと文化の未来展望
本体2800円

23. アクティブ・シニアの時代を拓く
本体2600円

横浜商科大学公開講座

24. 検証・日本の実力
本体2600円

25. 日本のビジョン
本体2690円

26. 歴史研究から学ぶ
（日本図書館協会選定図書）
本体2690円

27. 現代社会の諸問題をキーワードで解く
本体2690円

28. インターナショナルな「地方」の視座
本体2750円

29. 震災後、日本のかたち
本体2750円

30. 日本の「いま」を見つめる
本体2690円

31. 実学「商い」の原点
本体2700円

32. 現代の課題　グローバル化とナショナリズム
本体2700円

33. 観光のインパクト
本体2600円

34. 最新の情報技術と私たちの暮らし
本体2600円